HABLEMOS COREANO - CON PISTAS DE AUDIO

Aprenda más de 1,400 expresiones coreanas
de 21 temas de manera rápida y fácil

ISBN 979-11-88195-57-2

FANDOM MEDIA

Tabla de Contenido

Para archivos de audio, visite

newampersand.com/SPEAKKOREAN

Para archivos de audio, visite

newampersand.com/SPEAKKOREAN

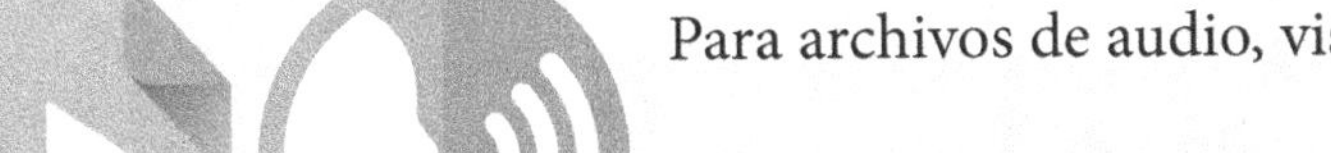

¡Solo escucha, repite y aprende!

¡Cada capítulo tiene una pista de audio separada para que estudies! Diremos cada oración un total de cuatro veces: lentamente dos veces y a velocidad normal dos veces, para que pueda aprender cómo suena cada porción por separado y también como un todo. ¡Sigue leyendo mientras hablas y habrás dominado muchas de las expresiones coreanas en muy poco tiempo!

Capítulo 1. Saludos

은 nŭn / 는 nŭn / 이 i / 가 ga / 을 ŭl / 를 rŭl = Postposición / Adverbio

01 안녕하세요?
an-nyŏng ha-se-yo?

¡Hola!

02 만나서 반갑습니다.
man-na-sŏ ban-gap-sŭp-ni-da.

Es un gusto conocerte.

03 저도 반갑습니다
jŏ-do ban-gap-sŭp-ni-da.

El gusto es mío.

04 처음 뵙겠습니다.
chŏ-ŭm boep-get-sŭp-ni-da.

¿Cómo estás?

05 우리 초면이죠?
u-ri cho-myŏn i-jyo?

No nos hemos visto antes ¿verdad?

06 어디서 뵌 것 같아요.
ŏ-di-sŏ   boen gŏt gat-a-yo.

Pareces familiar.

07 만나뵙고 싶었습니다.
man-na-boep-go ship-ŏt-sŭp-ni-da.

He estado esperando conocerte.

08 오래전부터 만나뵙고 싶었습니다.
o-rae-jŏn-bu-tŏ man-na-boep-go ship-ŏt-sŭp-ni-da.

He estado esperando conocerte por mucho tiempo.

09 잘 부탁드립니다.
jal bu-tak-dŭ-rip-ni-da.

Espero poder trabajar con usted.

10 좋은 말씀 많이 들었습니다.
jo-ŭn mal-ssŭm man-i dŭl-ŏt-sŭp-ni-da.

He oído muchas cosas buenas sobre usted.

11 실물이 더 멋지네요!
shil-mul i dŏ mŏt-ji-ne-yo!
*~ 네요 se usa para mostrar que uno está impresionado.

Te ves mejor en persona.

12 과찬입니다.
gwa-chan ip-ni-da.

Me halaga.

13 만나서 영광입니다.
man-na-sŏ yŏng-gwang ip-ni-da.

Es un honor conocerte.

14 저야말로요.
jŏ ya-mal-lo-yo.

El placer es todo mío.

15 드디어 만났군요!
dŭ-di-ŏ man-nat-gun-nyo!

¡Finalmente nos encontrado!

16 연락 주셔서 감사합니다.
yŏl-lak ju-shŏ-sŏ gam-sa-hap-ni-da.

Gracias por contactarme.

17 혹시 김철수씨 아니세요?
hok-shi kim-chŏl-su-ssi a-ni-se-yo?
* ssi = "Mr./Ms." se coloca después de un nombre.

¿Por casualidad, usted es el Sr. Kim Cheol-su?

18 이게 얼마만이죠?
i-ge ŏl-ma-man-i-jyo?

¿Cuánto tiempo ha pasado?

19 이게 도대체 누구예요?
i-ge do-de-che nu-gu-ye-yo?

¿Quién es esta persona?

20 저 기억하세요?
jŏ gi-ŏk-ha-se-yo?

¿Me recuerdas?

21 많이 변했죠?
man-i byŏn-haet-jyo?

He cambiado mucho, ¿verdad?

22 전혀요! 예전 그대로네요!
jŏn-hyŏ-yo! ye-jŏn gŭ-dae-ro-ne-yo!

¡Para nada! ¡Estas igual que antes!

23 말도안돼요!
mal do an-doe-yo!

¡Eso ni siquiera tiene sentido!

24 정말 많이 변했네요!
jŏng-mal man-i byŏn-haet-ne-yo!

¡Realmente has cambiado mucho!

25 알아보지 못했죠?
al-a-bo-ji mot-haet-jyo?

No pudiste reconocerme, ¿verdad?

26 더 예뻐졌어요.
dŏ ye-bbŏ-jyŏ-ssŏ-yo.

Estás más bonita.

27 더 멋있어졌어요.
dŏ mŏ-shi-ssŏ-jyŏ-ssŏ-yo.

Eres más fabuloso.

28 요즘 다이어트 하고 있어요.
yo-zŭm da-i-ŏ-tŭ ha-go-i-sso-yo.

He estado a dieta recientemente.

29 그동안 어떻게 지냈어요?
gŭ-dong-an ŏ-ttŏ-ke ji-nae-ssŏ-yo?

¿Cómo has estado hasta ahora?

30 잘 지냈어요.
jal ji-nae-ssŏ-yo.

He estado bien.

31 많이 보고 싶었어요.
man-i bo-go ship-ŏ-ssŏ-yo.

Te he extrañado mucho.

32 당신 생각 많이 했어요.
dang-shin saeng-gak man-i hae-ssŏ-yo.

He pensado mucho en ti.

33 정말 오랜만이에요.
jŏng-mal o-raen-man-i-e-yo.

¡Realmente ha pasado mucho tiempo!

34 앞으로 더 자주 봐요.
ap-ŭ-ro dŏ ja-ju bwa-yo.

Deberíamos vernos más a menudo de ahora en adelante.

35 좋은 아침!
jo-ŭn a-chim!

¡Buenos días!

36 안녕히 주무셨어요?
an-nyŏng-hi ju-mu-shŏ-ssŏ-yo?

¿Dormiste bien?

37 잘 잤어요. 미나씨는요?
jal ja-ssŏ-yo. mi-na-ssi-nŭn-yo?

Dormí bien. ¿Y usted, Sra. Mina?

38 저도 잘 잤어요.
jŏ-do jal ja-ssŏ-yo.

Yo también dormí bien.

39 식사 하셨어요?
shik-sa ha-shŏ-ssŏ-yo?

¿Ya comiste?

40 아니요. 아침/점심/저녁 먹었어요?
a-ni-yo. a-chim/jŏm-shim/jŏ-nyŏk mŏg-ŏ-ssŏ-yo?

No. ¿Comiste desayuno / almuerzo / cena?

41 저는 방금 먹었어요.
jŏ nŭn bang-gŭm mŏg-ŏ-ssŏ-yo.

Acabo de comer.

42 부모님도 건강하시죠?
bu-mo-nim do gŏn-gang ha-shi-jyo?

¿Tus padres están bien?

43 덕분에요.
dŏk-bun-e-yo.

Gracias a ti.

44 건강은 어때요?
gŏn-gang ŭn ŏ-tte-yo?

¿Cómo te sientes?

45 너무 피곤해요.
nŏ-mu pi-gon-hae-yo.

Estoy muy cansado.

46 많이 바쁘세요?
man-i ba-bbŭ-se-yo?

¿Estás muy ocupado?

47 숙제가/업무가 많아요.
suk-je ga / ŏp-mu ga man-a-yo.

Estoy hasta el cuello con la tarea / el trabajo.

48 무리하지 마세요.
mu-ri-ha-ji ma-se-yo.

No trabajes demasiado duro.

49 건강이 최고예요.
gŏn-gang i choe-go-ye-yo.
La salud es lo primero.

50 맞아요. 그럴게요.
ma-ja-yo.   gŭ-rŏl-gge-yo.
Tienes razón. No lo haré.

51 안녕히 계세요.
an-nyŏng-hi gye-se-yo.
Cuídate. / Adiós. / Hasta la vista.

52 안녕히 가세요.
an-nyŏng-hi ga-se-yo.
Cuídate. / Adiós. / Hasta la vista.

53 다음에 또 만나요.
da-ŭm-e tto man-na-yo.
Nos vemos la próxima vez.

54 문자 할게요.
mun-ja hal-gge-yo.
Te escribiré un mensaje.

55 오늘 즐거웠습니다.
o-nŭl   jŭl-gŏ-wŏt-sŭp-ni-da.
Fue divertido.

56 그때까지 잘 지내세요.
gŭ-ttae gga-ji jal ji-nae-se-yo.
Cuídate hasta entonces.

57 건강히 지내세요!
gŏn-gang-hi ji-nae-se-yo!
¡Mantente saludable!

58 연락합시다!
yŏl-lak hap-shi-da!
¡Mantengámonos en contacto!

Capítulo 2.Presentación

01 제 이름은 김철수입니다.
je i-rŭm ŭn kim-chŏl-su ip-ni-da.

Mi nombre es Kim Cheol-soo.

02 성함이 어떻게 되세요?
sŏng-ham i ŏ-ttŏ-ke doe-se-yo?

¿Cuál es tu nombre?

03 저는 미나라고 합니다.
jŏ nŭn mi-na ra-go hap-ni-da.

Me llamo Mina.

04 제 명함입니다.
je myŏng-ham ip-ni-da.

Esta es mi tarjeta de negocios.

05 저는 명함이 없어요.
jŏ nŭn myŏng-ham i ŏp-ssŏ-yo.

No tengo una tarjeta de presentación.

06 괜찮아요.
gwen-chan-a-yo.

Esta bien.

07 대신, 제 전화번호를 드릴게요.
dae-shin, je jŏn-hwa-bŏn-ho rŭl dŭ-ril-gge-yo.

En cambio, te daré mi número de teléfono.

08 여기 있습니다.
yŏ-gi it-ssŭp-ni-da.

Aquí está.

09 감사합니다.
gam-sa-hap-ni-da.

Gracias.

10 제 번호 아세요?
je bŏn-ho a-se-yo?
¿Sabes mi número?

11 아니요, 몰라요. / 네, 알아요.
a-ni-yo, mol-la-yo. / ne, al-a-yo.
No, no lo se. / Sí, lo sé.

12 이게 제 번호예요.
i-ge je bŏn-ho ye-yo.
Este es mi número.

13 저장 할게요. / 저장 했어요.
jŏ-jang hal-gge-yo. / jŏ-jang hae-ssŏ-yo.
Lo guardaré. / Lo guardé.

14 이 번호가 맞나요?
i bŏn-ho ga mat-na-yo?
¿Es este el número correcto?

15 네, 맞아요. / 아니요, 틀렸어요.
ne, ma-ja-yo. / a-ni-yo, tŭl-lyŏ-ssŏ-yo.
Sí lo es. / No, no lo es.

16 다시 한번 말해주세요.
da-shi han-bŏn mal-hae-ju-se-yo.
¿Podrías decirme otra vez una vez más?

17 직업이 뭐예요?
jig-ŏb i mwŏ-ye-yo?
¿Cuál es tu ocupación?

18 무엇을 하시나요?
mu-ŏ sŭl ha-shi-na-yo?
¿Qué haces?

19 어떤 일을 하세요?
ŏ-ttŏn il ŭl ha-se-yo?
¿Qué tipo de trabajo hace usted?

20 회사원 입니다.
hoe-sa-won ip-ni-da.
Trabajo para una empresa.

21 삼성에 다녀요.
sam-sŏng e da-nyŏ-yo.
Yo trabajo en Samsung.

22 아르바이트를 합니다.
a-rŭ-ba-i-tŭ rŭl hap-ni-da.
Yo trabajo a tiempo parcial.

23 취직 준비 하고 있어요.
chwi-jik jun-bi ha-go i-ssŏ-yo.
Estoy buscando trabajo.

24 저는 학생입니다.
jŏ nŭn hak-saeng ip-ni-da.
Soy un estudiante.

25 저도 학생이에요.
jŏ do hak-saeng i-e-yo.
Yo también soy estudiante.

26 한국대학교에 다녀요.
han-guk dae-hak-gyo e da-nyŏ-yo.
Voy a la universidad Hanguk.

27 어느 학교에 다니세요?
ŏ-nŭ hak-gyo e da-ni-se-yo?
¿A qué escuela vas?

28 저도 거기에서 공부해요.
jŏ do gŏ-gi-e-sŏ gong-bu-hae-yo.
Yo también voy a la misma escuela.

29 전공이 뭐예요?
jŏn-gong i mwŏ-ye-yo?
¿Cuál es (tu) especialidad?

30 어학당에서 한국어를 배우고 있어요.
ŏ-hak-dang e-sŏ han-gug-ŏ rŭl bae-u-go i-ssŏ-yo.
Estoy aprendiendo coreano (idioma) en una escuela de idiomas.

31 저는 미국에서 왔어요.
jŏ nŭn mi-guk e-sŏ wa-ssŏ-yo.
Soy de los Estados Unidos.

32 원래는 일본에서 태어났어요.
wol-lae nŭn il-bon e-sŏ tae-ŏ-na-ssŏ-yo.
Nací originalmente en Japón.

33 여기가 제 고향이에요.
yŏ-gi ga je go-hyang i-e-yo.
Esta es mi ciudad natal.

34 이제는 여기가 더 편해요.
i-je nŭn yŏ-gi ga dŏ pyŏn-hae-yo.
Me siento más cómodo aquí ahora.

35 한국어가 더 편해요.
han-gug-ŏ ga dŏ pyŏn-hae-yo.
Me siento más cómodo hablando coreano.

36 아직 영어가 더 편해요.
a-jik yŏng-ŏ ga dŏ pyŏn-hae-yo.

Todavía estoy más cómodo (hablando) en inglés.

37 어디에서 오셨어요?
ŏ-di e-sŏ o-shŏ-ssŏ-yo?

¿De donde eres?

38 어느 나라 사람이에요?
ŏ-nŭ na-ra sa-ram i-e-yo?

¿Cuál es tu nacionalidad?

39 고향이 어디에요?
go-hyang i ŏ-di-e-yo?

¿De dónde vienes (originalmente)?

40 부산에서 자랐어요.
busan e-sŏ ja-ra-ssŏ-yo.

Fui criado en Busan.

41 한국어 잘 못해요.
han-gug-ŏ jal mot-hae-yo.

No puedo hablar bien coreano.

42 한국어 열심히 공부하고 있어요.
han-gug-ŏ yŏl-shim-hi gong-bu ha-go i-ssŏ-yo.

Estoy estudiando coreano duro.

43 교환학생인가요?
gyo-hwan-hak-saeng in-ga-yo?

Eres estudiante de intercambio?

44 아니요, 유학생이에요.
a-ni-yo, yu-hak-saeng i-e-yo.

No, soy un estudiante internacional.

45 한국에는 처음인가요?
han-gug e nŭn chŏ-ŭm in-ga-yo?

¿Es (tu) primera vez en Corea?

46 아니요, 한 번 여행 왔었어요.
a-ni-yo, han bŏn yŏ-haeng wa-ssŏ-ssŏ-yo.

No, (yo) vine de viaje una vez.

47 그래요? 언제요?
gŭ-rae-yo? ŏn-je-yo?

¿Está bien? ¿Cuando?

48 삼년 전에 부모님과요.
sam nyŏn jŏn-e bu-mo-nim-gwa-yo.

Hace tres años, con (mis) padres.

49 하지만 시간이 많이 없었어요.
ha-ji-man shi-gan i man-i ŏp-ssŏ-ssŏ-yo.
Pero no tuvimos mucho tiempo.

50 좋은 시간 보냈어요?
jo-ŭn shi-gan bo-nae-ssŏ-yo?
¿Pasaste un buen momento?

51 네. 쇼핑을 너무 많이 했어요.
ne. sho-ping ŭl nŏ-mu man-i hae-ssŏ-yo.
Si. (Nosotros) hicimos demasiadas compras.

52 부모님은 미국에 계세요.
bu-mo-nim ŭn mi-guk e gye-se-yo.
(Mis) padres están en los Estados Unidos.

53 형제가 셋 있어요.
hyŏng-je ga set i-ssŏ-yo.
Tengo tres hermanos.

54 제가 가장 어려요.
je ga ga-jang ŏ-ryŏ-yo.
Soy el más joven.

55 제가 가장 나이가 많아요.
je ga ga-jang na-i ga man-a-yo.
Soy el mayor.

56 한국 드라마를 많이 봤어요.
han-gug dŭ-ra-ma rŭl man-i bwa-ssŏ-yo.
Vi muchos dramas de televisión coreanos.

57 한국 친구들이 많이 있었어요.
han-gug chin-gu-dŭl i man-i i-ssŏ-ssŏ-yo.
Tenía muchos amigos de Koren.

58 한국 사람 좋아해요.
han-gug sa-ram jo-a-hae-yo.
Me gustan los coreanos.

59 한국 음식은 맛있어요.
han-gug ŭm-shig ŭn ma-shi-ssŏ-yo.
La comida coreana es sabrosa / deliciosa.

60 저는 스물 셋 입니다.
jŏ nŭn sŭ-mul set ip-ni-da.
Tengo veintitrés.

61 실례지만, 나이가 어떻게 되세요?
shil-lye-ji-man, na-i-ga ŏ-ttŏ-ke doe-se-yo?
¿Puedo preguntar cuántos años tienes?

62 어디에 사세요?
ŏ-di e sa-se-yo?
¿Dónde vives?

63 기숙사에 살아요.
gi-suk-sa e   sal-a-yo.

Vivo en un dormitorio.

64 곧 이사 할거예요.
got   i-sa   hal-gŏ-ye-yo.

Me mudaré pronto

65 취미는 뭐예요?
chwi-mi nŭn mwŏ-ye-yo?

¿Cual es tu pasatiempo?

66 음악 듣는 것을 좋아해요.
ŭm-ak   dŭt-nŭn gŏ sŭl   jo-a-hae-yo.

Me gusta escuchar música.

67 어떤 음악이요?
ŏ-ttŏn   ŭm-ag i-yo?

¿Qué tipo de música?

68 뭐든지 상관 안해요.
mwŏ-dŭn-ji sang-gwan an-hae-yo.

No me importa lo que sea.

69 당신은요?
dang-shin ŭn yo?

¿Y usted?

70 영화 보는 것이 가장 좋아요.
yŏng-hwa bo-nŭn gŏ shi ga-jang jo-a-yo.

Me gusta más ver películas.

71 우리 언제 영화 보러 가요!
u-ri   ŏn-je yŏng-hwa bo-rŏ ga-yo!

¡Deberíamos ir a ver una película alguna vez!

Capítulo 3. En la Escula

01 여기 학생인가요?
yŏ-gi hak-saeng in-ga-yo?

¿Eres estudiante aquí?

02 학생증을 보여주세요.
hak-saeng-tzŭng ŭl bo-yŏ-ju-se-yo.

Muéstrame (tu) tarjeta de estudiante, por favor.

03 학생증을 아직 못 만들었어요.
hak-saeng-tzŭng ŭl a-jik mot man-dŭl-ŏ-ssŏ-yo.

No he podido hacer que (mi) tarjeta de estudiante todavía.

04 저는 신입생이에요.
jŏ nŭn shin-ip-saeng i-e-yo.

Soy un nuevo estudiante.

05 대학원생이에요.
dae-hag-won-saeng i-e-yo.

(Yo) soy un estudiante graduado.

06 학부생이에요.
hak-bu-saeng i-e-yo.

Yo soy un estudiante de pregrado.

07 교실이 어디죠?
gyo-shil i ŏ-di-jyo?

¿Dónde está el aula?

08 수업이 몇시죠?
su-ŏb i myŏ-sshi-jyo?

¿A qué hora es la clase?

09 자리에 앉으세요.
ja-ri e an-zŭ-se-yo.

Por favor, siéntate.

10 책을 꺼내세요.
chaeg ŭl ggŏ-nae-se-yo.

Saque (su) libro, por favor.

11 12 페이지를 펴세요.
shib-i pe-i-ji rŭl pyŏ-se-yo.

Abierto a la página , por favor.

12 수업을 시작합시다.
su-ŏb ŭl shi-jak-hap-shi-da.

Comencemos con la lección.

13 출석을 부르겠습니다.
chul-sŏg ŭl bu-rŭ-get-ssŭp-ni-da.

Llamaré al rollo.

14 지각입니다.
ji-gag ip-ni-da.

(Usted es / Él / Ella está) tarde.

15 결석입니다.
gyŏl-ssŏg ip-ni-da.

(Él / Ella está) ausente.

16 지각해서 죄송합니다.
ji-gak-hae-sŏ joe-song-hap-ni-da.

Lo siento por llegar tarde.

17 조용히 하세요.
jo-yong-hi ha-se-yo.

Por favor quédate quieto.

18 질문있습니다.
jil-mun it-ssŭp-ni-da.

Tengo una pregunta.

19 잘 이해가 되지 않습니다.
jal i-hae ga doe-ji an-ssŭp-ni-da.

No puedo entender bien.

20 제가 맞게 이해하고 있나요?
je ga mat-ge i-hae-ha-go it-na-yo?

¿Lo estoy entendiendo correctamente?

21 잘 보이지 않아요.
jal bo-i-ji an-a-yo.

No puedo verlo muy bien.

22 조금 더 크게 말씀해주세요.
jo-gŭm dŏ kŭ-ge mal-ssŭm-hae-ju-se-yo.

¿Podrías hablar un poco más alto?

23 다시 한번 말씀해주세요.
da-shi han-bŏn mal-ssŭm-hae-ju-se-yo.

Por favor dilo una vez más.

24 잘 모르겠어요.
jal mo-rŭ-get-ssŏ-yo.

No lo sé bien / No estoy seguro.

25 문제가 어렵네요.
mun-je ga ŏ-ryŏp-ne-yo.

Es una pregunta difícil.

26 배웠어요?
bae-wŏ-ssŏ-yo.

Has aprendido.

27 아직 배우지 못했어요.
a-jik bae-u-ji mot-haet-ssŏ-yo.

Aún no he aprendido.

28 수업은 몇시에 끝나죠?
su-ŏb ŭn myŏ-sshi-e ggŭt-na-jyo?

¿A qué hora termina la clase?

29 학교식당은 어디죠?
hak-gyo shik-dang ŭn ŏ-di-jyo?

¿Dónde está la cafetería de la escuela?

30 점심시간이 언제죠?
jŏm-shim shi-gan i ŏn-je-jyo?

¿Cuándo es la hora del almuerzo?

31 점심 같이 먹을까요?
jŏm-shim ga-chi mŏ-gŭl-gga-yo?

¿Almorzamos juntos?

32 숙제 같이 할래요?
suk-je ga-chi hal-lae-yo?

¿Quieres hacer la tarea juntos?

33 도와주세요.
do-wa-ju-se-yo.

Por favor, ayúdame.

34 외국인이라 잘 몰라요.
oe-gug-in i-ra jal mol-la-yo.

No lo sé bien porque soy extranjero.

35 기숙사에 어떻게 가죠?
gi-suk-sa e ŏ-tto-ke ga-jyo?

¿Cómo llegas al dormitorio?

36 몇시가 통금인가요?
myŏ-sshi ga tong-gŭm in-ga-yo?
¿A qué hora es el toque de queda?

37 숙제를 깜빡했어요.
suk-je rŭl ggam-bbak-hae-ssŏ-yo.
Olvidé (hacer) la tarea.

38 제가 착각했나봐요.
je ga chak-gak haet-na-bwa-yo.
Debo haberme confundido.

39 성적표 봤어요?
sŏng-jŏk-pyo bwa-ssŏ-yo?
¿Has visto (tu) boleta de calificaciones?

40 성적표 언제 나와요?
sŏng-jŏk-pyo ŏn-je na-wa-yo?
¿Cuándo salen las boletas de calificaciones?

41 성적이 엉망이에요.
sŏng-jŏg i ŏng-mang i-e-yo.
(Mis) calificaciones son un desastre.

42 이번 학기는 성적이 좋지 않아요.
i-bŏn hak-gi nŭn sŏng-jŏg i jot-chi an-a-yo.
(Mis) calificaciones no son buenas este semestre.

43 다음 학기에는 열심히 할거에요.
da-ŭm hak-gi e nŭn yŏl-shim-hi hal-gŏ-e-yo.
Lo intentaré el próximo semestre.

44 적응이 힘들어요.
jŏg-ŭng i him-dŭl-ŏ-yo.
Me he sentido fuera de mi elemento.

45 친구들이 많이 있어요/없어요.
chin-gu-dŭl i man-i i-ssŏ-yo / ŏp-ssŏ-yo.
Yo tengo / no tengo muchos amigos.

46 교수님 한번만 봐주세요.
gyo-su-nim han-bŏn-man bwa-ju-se-yo.
Profesor, por favor, deme un descanso solo una vez.

47 이메일 보내드렸어요.
i-mae-il bo-nae-dŭ-ryŏ-ssŏ-yo.
Te he enviado un correo electrónico.

48 수업이 취소되었어요.
su-ŏb i chwi-so-doe-ŏ-ssŏ-yo.
La clase ha sido cancelada.

49 이번 학기는 정말 바쁘네요.
i-bŏn hak-gi nŭn jŏng-mal ba-bbŭ-ne-yo.

Este semestre está muy ocupado.

50 수업을 많이 듣고 있어요.
su-ŏb ŭl man-i dŭt-go i-ssŏ-yo.

Estoy tomando muchas clases.

51 아르바이트도 할 수 있나요?
a-rŭ-ba-i-tŭ do hal-su-it-na-yo?

¿Puedo trabajar también a tiempo parcial?

52 학비가 너무 비싸요!
hak-bi ga nŏ-mu bi-ssa-yo!

¡La matrícula es demasiado cara!

53 장학금을 신청하고 싶어요.
jang-hak-gŭm ŭl shin-chŏng ha-go ship-ŏ-yo.

Me gustaría solicitar una beca.

54 경비원에게 물어보세요.
gyŏng-bi-won e-ge mul-ŏ-bo-se-yo.

Pregunta a la seguridad, por favor.

55 캠퍼스가 너무 넓어요.
kaem-pŏ-sŭ ga nŏ-mu nŏl-bŏ-yo.

El campus es demasiado vasto / ancho.

56 도서관은 어디죠?
do-sŏ-gwan ŭn ŏ-di-jyo?

¿Donde está la biblioteca?

57 도서관에서 공부 합니다.
do-sŏ-gwan e-sŏ gong-bu hap-ni-da.

Yo estudio en la biblioteca.

58 사람이 정말 많네요!
sa-ram i jŏng-mal man-ne-yo!

¡Realmente hay mucha gente!

59 여기에서 공부 해도 되나요?
yŏ-gi e-sŏ gong-bu hae-do doe-na-yo?

¿Puedo estudiar aquí?

60 동아리에 가입하고 싶어요.
dong-a-ri e ga-ip ha-go ship-ŏ-yo.

Me gustaría unirme a un club.

61 어떤 동아리가 있나요?
ŏ-ttŏn dong-a-ri ga it-na-yo?

¿Qué tipo de clubes hay?

62 전공을 아직 못정했어요.
jŏn-gong ŭl a-jik mot-jŏng-hae-ssŏ-yo.

Todavía no he decidido mi especialidad.

63 제 전공은 미술입니다.
je jŏn-gong ŭn mi-sul ip-ni-da.

Me especializo en arte.

64 어려운 과목이에요.
ŏ-ryŏ-un gwa-mog i-e-yo.

Es un tema difícil.

65 깜빡 졸았네요.
ggam-bbak jol-at-ne-yo.

Me quedé dormido.

66 깨워주세요.
ggae-wŏ ju-se-yo.

Despiértame, por favor.

67 필기 했어요?
pil-gi hae-ssŏ-yo?

¿Tomaste notas?

68 노트좀 빌려주세요.
no-tŭ jom bil-lyŏ-ju-se-yo.

Déjame que me prestes (tu) cuaderno un poco, por favor.

69 책 좀 같이 봐도 될까요?
chaek jom ga-chi bwa-do doel-gga-yo?

¿Puedo compartir un poco el libro contigo?

70 이게 무슨 뜻이죠?
i-ge   mu-sŭn ttŭ-shi-jyo?

¿Qué significa esto?

71 영어로는 뭐라고 하죠?
yŏng-ŏ-ro nŭn mwŏ-ra-go ha-jyo?

¿Cómo se dice en inglés?

72 교수님께 여쭤 보세요.
gyo-su-nim-gge yŏ-jjwŏ bo-se-yo.

Pregúntale al profesor.

73 교수실에 계세요?
gyo-su-shil e gye-se-yo?

¿Estás en la oficina del profesor?

74 언제 찾아뵈면 좋을까요?
ŏn-je cha-ja-boe-myŏn jo-ŭl-gga-yo?

¿Cuándo sería un buen momento para visitarte?

75 열심히 공부할게요.
yŏl-shim-hi gong-bu hal-e-yo.

Estudiaré duro.

76 혹시 김하나 교수님 아세요?
hok-shi kim-ha-na gyo-su-nim a-se-yo?

¿Conoces al profesor Kim Ha-na, por casualidad?

77 정말 좋은 분이에요.
jŏng-mal jo-ŭn buni-e-yo.

(Ella / Él) es una persona muy agradable.

78 알아요. 저 예전에 수업 들었어요.
al-a-yo.　jŏ　ye-jŏn-e　su-ŏp　dŭl-ŏ-ssŏ-yo.

Lo se. Tomé (su) clase en el pasado.

79 수업은 어떤가요?
su-ŏb　ŭn　ŏ-ttŏn-ga-yo?

¿Cómo es (la) clase?

80 쉬운가요? / 어려운가요?
shwi-un-ga-yo?　ŏ-ryŏ-un-ga-yo?

¿Es fácil? / Difícil?

81 정말 쉬워요. / 어려워요.
jŏng-mal shwi-wŏ-yo / ŏ-ryŏ-wŏ-yo.

Es muy fácil / difícil

82 수업이 재미있나요?
su-ŏb　i　jae-mi-it-na-yo?

¿Es divertida la clase?

83 과제가 많나요?
gwa-je　ga　man-na-yo?

¿Él / ella asigna muchas tareas?

84 그룹 프로젝트가 많아요.
gŭ-rŭp pŭ-ro-jek-tŭ　ga　man-a-yo.

Hay muchos proyectos grupales.

85 시험을 자주 보나요?
shi-hŏm　ŭl　ja-ju　bo-na-yo?

¿Él / ella te prueba a menudo?

86 신입생 환영회가 있어요.
shin-ip-saeng hwan-yŏng-hoe ga i-ssŏ-yo.

Hay una fiesta de bienvenida para los estudiantes de primer año.

87 선배님, 안녕하세요!
sŏn-bae-nim, an-nyŏng-ha-se-yo!

¿Cómo estás, mentor?

88 동아리 가입을 환영합니다.
dong-a-ri　ga-ib　ŭl　hwan-yŏng-hap-ni-da.

¡Te damos la bienvenida por unirte al club!

89 열심히 참여하세요.
yŏl-shim-hi cham-yŏ ha-se-yo.

Esperamos su participación activa.

90 빠지지 말고 나오세요.
bba-ji-ji　mal-go　na-o-se-yo.

Por favor asista sin saltarse.

91 도움이 필요하면 말하세요.
do-um　i　pil-yo-ha-myŏn mal-ha-se-yo.

Dime si necesitas ayuda.

Capítulo 4. De Compras

| 01 | 어서오세요.
ŏ-sŏ-o-se-yo. | **Bienvenidos.** |

| 02 | 무엇을 찾으시나요?
mu-ŏ sŭl cha-zŭ-shi-na-yo? | **¿Qué estás buscando?** |

| 03 | 혹시 반바지 있나요?
hok-shi ban-ba-ji it-na-yo? | **¿Tienes pantalones cortos por casualidad?** |

| 04 | 모자를/신발을 찾고 있어요.
mo-ja rŭl / shin-bal ŭl chat-go i-ssŏ-yo. | **Estoy buscando sombreros / zapatos.** |

| 05 | 찾으시는 스타일이/브랜드가 있나요?
cha-zŭ-shi-nŭn sŭ-ta-il i / bŭ-raen-dŭ ga it-na-yo? | **¿Hay un estilo / marca que estás buscando?** |

| 06 | 도와드릴까요?
do-wa-dŭ-ril-gga-yo? | **¿Puedo ayudarlo?** |

| 07 | 사이즈가 어떻게 되시나요?
sa-i-zŭ ga ŏ-ttŏ-ke doe-shi-na-yo? | **¿Cuál es tu tamaño?** |

| 08 | 입어봐도 되나요?
ib-ŏ-bwa-do doe-na-yo? | **¿Puedo probarme esto?** |

| 09 | 이 사이즈 있나요?
i sa-i-zŭ it-na-yo? | **¿Tienes este tamaño?** |

10 제 사이즈는 30입니다.
je sa-i-zŭ nŭn sam-ship ip-ni-da.

Mi talla es 30.

11 조금 큰/작은 것 같아요.
jo-gŭm kŭn / jag-ŭn gŏt gat-a-yo.

Creo que es un poco pequeño / grande.

12 딱 맞네요.
ttak mat-ne-yo.

Queda perfecto.

13 얼마예요?
ŏl-ma ye-yo?

¿Cuánto cuesta?

14 세일 하나요?
se-il ha-na-yo?

¿Está a la venta?

15 재고 있나요?
jae-go it-na-yo?

¿Lo tienes en stock?

16 확인해 주시겠어요?
hwag-in hae ju-shi-get-ssŏ-yo?

¿Podrías comprobar, por favor?

17 반품 가능한가요?
ban-pum ga-nŭng-han-ga-yo?

¿Es retornable?

18 얼마동안에 반품 할 수 있나요?
ŏl-ma dong-an-e ban-pum hal su it-na-yo?

¿Qué tan tarde puedo devolverlo?

19 환불 가능한가요?
hwan-bul ga-nŭng-han-ga-yo?

¿Puedo obtener un reembolso?

20 반품 하고 싶습니다.
ban-pum ha-go ship-sŭp-ni-da.

Me gustaría volver

21 제품에 문제가 있나요?
je-pum e mun-je ga it-na-yo?

¿Hubo un problema con el producto?

22 아니요, 사이즈가 맞지 않아요.
a-ni-yo, sa-i-zŭ ga mat-ji an-a-yo.

No, no encaja.

23 아니요, 스타일이 맞지 않아요.
a-ni-yo,　sŭ-ta-il　i　mat-ji a-na-yo.

No, no me gustó el estilo.

24 다른 색상이 있나요?
da-rŭn saek-sang i　it-na-yo?

¿Tienes diferentes colores?

25 이게 마음에 들어요.
i-ge　ma-ŭm-e dŭl-ŏ-yo.

Me gusta esto.

26 그냥 둘러볼게요.
gŭ-nyang dul-lŏ-bol-gge-yo.

Solo miraré a mi alrededor.

27 구경해도 되나요?
gu-gyŏng-hae-do doe-na-yo?

¿Puedo mirar a mi alrededor?

28 탈의실이 어디죠?
tal-ŭi-shil i　ŏ-di-jyo?

¿Dónde está el probador?

29 남성용/여성용 인가요?
nam-sŏng-yong / yŏ-sŏng-yong in-ga-yo?

¿Es de hombres o mujeres?

30 여기 흠이 있어요.
yŏ-gi hŭm i　i-ssŏ-yo.

Hay un rasguño / mella / defecto aquí.

31 원래 이런가요?
wŏl-lae i-rŏn-ga-yo?

¿Es esto normal?

32 할인 해 주실수 있나요?
hal-in hae ju-shil-su　it-na-yo?

¿Me puede dar un descuento?

33 신상품 있나요?
shin-sang-pum it-na-yo?

¿Tienes los últimos productos?

34 정품 맞나요?
jŏng-pum mat-na-yo?

¿Es este un producto auténtico?

35 매니저를 만나고 싶습니다.
mae-ni-jŏ rŭl man-na-go ship-sŭp-ni-da.

Me gustaría conocer al gerente.

36 계산 해주세요.
gye-san hae-ju-se-yo.
Por favor calcule (el precio) por mí.

37 쇼핑백을 주세요.
sho-ping-baeg ŭl ju-se-yo.
Por favor, dame una bolsa de compras.

38 포장 해주세요.
po-jang hae-ju-se-yo.
Por favor envuélvelo para mí.

39 영수증을 백안에 넣어주세요.
yŏng-su-zŭng ŭl baeg-an-e nŏ-ŏ-ju-se-yo.
Por favor ponga el recibo en la bolsa.

40 영수증은 저에게 주세요.
yŏng-su-zŭng ŭn jŏ-e-ge ju-se-yo.
Por favor dame el recibo.

41 카드 되나요?
ka-dŭ doe-na-yo?
¿Acepta tarjetas de crédito?

42 현금도 되나요?
hyŏn-gŭm do doe-na-yo?
¿Puedo pagar en efectivo?

43 현금으로 사면 할인 받나요?
hyŏn-gŭm ŭ-ro sa-myŏn hal-in bat-na-yo?
¿Recibo un descuento si compro en efectivo?

44 택스리펀드 되나요?
taek-sŭ-ri-pŏn-dŭ doe-na-yo?
¿Es elegible para reembolso de impuestos?

45 택스리펀드는 어디에서 하나요?
taek-sŭ-ri-pŏn-dŭ nŭn ŏ-di-e-sŏ ha-na-yo?
¿Dónde presentar el reembolso de impuestos?

46 이렇게 작성하면 되나요?
i-rŏt-ke jak-sŏng-ha-myŏn doe-na-yo?
¿Es correcto si completo de esta manera?

47 배달도 되나요?
bae-dal do doe-na-yo?
¿Se puede entregar también?

48 홀드해 주실 수 있나요?
hol-dŭ hae ju-shil su it-na-yo?
¿Puedes sostenerlo por mí?

49 다시 찾으러 올게요.
da-shi cha-zŭ-rŏ ol-gge-yo.
Vendré otra vez para recogerlo.

50 수선 가능한가요?
su-sŏn ga-nŭng-han-ga-yo?
¿Es posible la alternancia?

51 언제 준비 될까요?
ŏn-je jun-bi doel-gga-yo?
¿Cuándo estará listo?

52 준비되면 연락 주세요.
jun-bi doe-myŏn yŏl-lak ju-se-yo.
Llámame cuando esté listo.

53 도와주셔서 감사합니다.
do-wa-ju-shŏ-sŏ gam-sa-hap-ni-da.
Gracias por ayudarme.

54 그때 돌아 올게요.
gŭ-ttae dol-a-ol-gge-yo.
Volveré cuando esté listo.

55 좀 더 깎아주세요.
jom dŏ gga-ka-ju-se-yo.
Por favor, dame un poco más de descuento.

56 너무 비싸네요.
nŏ-mu bi-ssa-ne-yo.
Es muy caro.

57 좀 더 싼 거 있나요?
jom dŏ ssan gŏ it-na-yo?
¿Tienes algo más barato?

58 영업시간이 어떻게 되요?
yŏng-ŏp-shi-gan i ŏ-ttŏ-ke doe-yo?
¿Cuáles son (sus) horarios comerciales?

59 몇시에 열어요?
myŏ-sshi e yŏl-ŏ-yo?
¿A qué hora abres (tú)?

60 몇시에 닫아요?
myŏ-sshi e dad-a-yo?
¿A que hora cierras?

61 오늘 몇시까지 하세요?
o-nŭl myŏ-sshi gga-ji ha-se-yo?
¿Hasta qué hora trabajas hoy?

62 어떻게 계산하시겠어요?
ŏ-ttŏ-ke gye-san ha-shi-get-ssŏ-yo?
¿Cómo le gustaría pagar?

63 더 가져 올게요.
dŏ ga-jyŏ ol-gge-yo.
Traeré más.

64 잠시만 기다려주세요.
jam-shi-man gi-da-ryŏ-ju-se-yo.
Por favor, espere un momento.

65 함께 계산 해주세요.
ham-gge gye-san hae-ju-se-yo.
Me gustaría pagar todo junto.

66 따로따로 계산 해주세요.
tta-ro-tta-ro gye-san hae-ju-se-yo.
Me gustaría pagar por separado.

67 돈이 모자라네요.
don i mo-ja-ra-ne-yo.
No tengo suficiente dinero.

68 얼마나 더 필요하죠?
ŏl-ma-na dŏ pil-yo-ha-jyo?
¿Por cuanto más necesitas?

69 새 제품 맞죠?
sae je-pum mat-jyo?
Es un producto nuevo, ¿verdad?

70 언제 재입고 될까요?
ŏn-je jae-ip-go doel-gga-yo?
¿Cuándo se repondrá?

71 다른 매장에는 있나요?
da-rŭn mae-jang-e nŭn it-na-yo?
¿Está disponible en otras tiendas?

72 디스플레이랑 같은 것 주세요.
di-sŭ-pŭl-lae-i-lang ga-tŭn gŏt ju-se-yo.
Por favor, dame lo mismo (lo que está en) pantalla.

73 어떤게 가장 인기있나요?
ŏ-ttŏn-ge ga-jang in-ggi-it-na-yo?
¿Cuál es el más popular?

74 재질이 뭔가요?
jae-jil i mwŏn-ga-yo?
¿De qué está hecho?

75 늘려주세요/줄여주세요.
nŭl-lyŏ-ju-se-yo / jul-yŏ-ju-se-yo.
Por favor, extiéndalo / Por favor, acorte

76 세탁기에 돌려도 되나요?
se-tak-gi e dol-lyŏ-do doe-na-yo?
¿Es lavable a máquina?

77 교환하고 싶어요.
gyo-hwan ha-go ship-ŏ-yo.
Me gustaría intercambiar (esto).

78 이거 보증 되나요?
i-gŏ bo-zŭng doe-na-yo?
¿Puede esto estar cubierto por la garantía?

79 계산이 잘못 된 것 같아요.
gye-san i jal-mot doen gŏt gat-a-yo.
Creo que la factura es incorrecta.

80 어때보여요?
ŏ-tte bo-yŏ-yo?
¿Como me veo?

81 잘 어울리나요?
jal ŏ-ul-li-na-yo?
¿Me queda bien?

82 이걸로 할게요.
i-gŏl lo hal-gge-yo.
Tomaré esto.

83 지금 유행이에요.
ji-gŭm yu-haeng-i-e-yo.
Esto es popular en estos días.

84 추천해 주세요.
chu-chŏn hae ju-se-yo.
Estoy abierto a sugerencias.

85 가격이 어떻게 되나요?
ga-gyŏg i ŏ-ttŏ-ke doe-na-yo?
¿Cual es el precio?

86 다 고르셨나요?
da go-rŭ-shŏt-na-yo?
¿Encontraste todo bien?

87 전부 얼마죠?
jŏn-bu ŏl-ma-jyo?
¿Cuánto cuesta todo junto?

88 세금이 포함되었나요?
se-gŭm i po-ham doe-ŏt-na-yo?
¿Están incluidos los impuestos?

89 거스름 돈 있으세요?
gŏ-sŭ-rŭm don i-ssŭ-se-yo?
¿Tienes cambio (dinero)?

90 싸게 사시는 겁니다.
ssa-ge sa-shi-nŭn gŏp-ni-da.
Esta es una buena compra.

91 세일은 언제까지 하나요?
se-il ŭn ŏn-je gga-ji ha-na-yo?
¿Cuánto dura la venta?

92 지금은 특별 세일 기간입니다.
ji-gŭm ŭn tŭk-byŏl se-il gi-gan ip-ni-da.
Ahora es un período de venta especial.

93 돈을 더 낸 것 같아요.
don ŭl dŏ naen gŏt gat-a-yo.
Creo que pagué de más.

94 신용카드를/여행자수표를 받나요?
shin-yong-ka-dŭ rŭl / yŏ-haeng-ja-su-pyo rŭl bat-na-yo?
¿Aceptan tarjetas de crédito / cheques de viajero?

95 엘레베이터는 어디에 있나요?
el-le-be-i-tŏ nŭn ŏ-di-e it-na-yo?
Donde esta el elevador

96 이것을 수리받고 싶어요.
i-gŏ sŭl su-ri-bat-go ship-ŏ-yo.
Me gustaría reparar esto.

97 고장났어요.
go-jang-na-ssŏ-yo.
Esta roto.

98 불량품이에요.
bul-lyang-pum i-e-yo.
Es un producto defectuoso.

99 어디서 샀어요?
ŏ-di-sŏ sa-sso-yo?
Dónde lo compraste)?

100 정말 옷 잘입네요.
jŏng-mal ot jal ip-ne-yo.
Tienes un gran sentido de la moda.

101 패션 감각이 좋다.
pae-shŏn gam-gag i jot-ta.
(Tu) sentido de la moda es bueno.

102 옷이 그게 뭐예요?
o shi gŭ-ge mwŏ-ya?
¿Qué pasa con la ropa?

103 요즘 유행하는 스타일이예요.
yo-zŭm yu-haeng-ha-nŭn sŭ-ta-il i-ye-yo.
(Este) es un estilo que está de moda en estos días.

104 옷이 날개네요.
o shi nal-gae ne-yo.
Te ves muy bien con esa ropa.

105 옷이 너무 야해요.
o shi nŏ-mu ya-hae-yo.
(Tu) ropa es demasiado sexy / reveladora.

Capítulo 5. Restaurant

01　자리 있나요?
ja-ri　it-na-yo?
¿Hay un asiento (disponible)?

02　몇 명 이세요?
myŏt myŏng i-se-yo?
¿Cuanta gente?

03　네명 입니다.
ne myŏng ip-ni-da.
Son 4 personas.

04　예약 하셨나요?
ye-yak ha-shŏt-na-yo?
¿Tienes una reserva?

05　아니요, 안 했어요 / 네, 했어요.
a-ni-yo,　an hae-ssŏ-yo. / ne, hae-ssŏ-yo.
No, no lo hice. / Sí, lo hice.

06　몇시로 예약 하셨나요?
myŏ-sshi ro ye-yak ha-shŏt-na-yo?
¿A qué hora hizo la reserva?

07　한시요. / 한시 삼십분이요.
han shi-yo. / han shi sam-ship bun i-yo.
Es la en punto. / Son la una y treinta minutos (es la una y media).

08　이쪽으로 오세요.
i-jjog　ŭ-ro　o-se-yo.
Ven por aquí, por favor.

09　이 자리 괜찮으세요?
i　ja-ri　goen-chan-ŭ-se-yo?
¿Está bien este asiento?

10 혹시 테이블은 없나요?
hok-shi te-i-bŭl ŭn ŏp-na-yo?

¿Tienes una mesa, por casualidad?

11 메뉴를 주세요.
me-nyu rŭl ju-se-yo.

Dame el menú, por favor.

12 추천 해주세요.
chu-chŏn hae-ju-se-yo.

Por favor haga sugerencias / recomendaciones.

13 매운 것/단 것 좋아하세요?
mae-un gŏt/dan gŏt jo-a-ha-se-yo?

¿Te gusta algo picante / dulce?

14 매운 것 잘 못먹어요
mae-un gŏt jal mot-mŏg-o-yo.

No me caen bien las cosas picantes.

15 이거 드셔보셨나요?
i-gŏ dŭ-shŏ-bo-shŏt-na-yo?

¿Has probado esto?

16 어떤 요리인가요?
ŏ-ttŏn yo-ri in-ga-yo?

¿Qué tipo de cocina es?

17 마늘이/양파가 들어있나요?
ma-nŭl i / yang-pa ga dŭl-ŏ-it-na-yo?

¿Tiene ajo / cebolla?

18 뭘로 만든 건가요?
mwŏl-lo man-dŭn gŏn-ga-yo?

¿Cuáles son los ingredientes?

19 얼마나 걸리나요?
ŏl-ma-na gŏl-li-na-yo?

¿Cuánto tiempo se tarda?

20 시간이 좀 걸립니다
shi-gan i jom gŏl-lip-ni-da.

Tomará un poco de tiempo (cocinar).

21 양이 얼마나 되나요?
yang i ŏl-ma-na doe-na-yo?

¿Qué tan grande es la porción?

22 둘이 먹기에 충분해요/부족해요.
dul i mŏk-ki-e chung-bun-hae-yo / bu-jok-hae-yo.

Es suficiente (para) dos para comer. / Es inadecuado.

23 음료수는 어떤 종류로 하시겠어요?
ŭm-nyo-su nŭn ŏ-ttŏn jong-nyu ro ha-shi-get-ssŏ-yo?.
¿Qué tipo de bebida te gustaría?

24 어떤게 있나요?
ŏ-ttŏn-ge it-na-yo?
¿Que tipo tienes?

25 쥬스로 할게요.
jyu-sŭ ro hal-gge-yo.
Iré con jugo.

26 그냥 물이요.
gŭ-nyang mul i-yo.
Solo agua por favor.

27 젓가락/포크/숟가락/냅킨 주세요.
jŏt-ga-rak/po-kŭ/sut-ga-rak/naep-kin   ju-se-yo.
Por favor, dame palillos / un tenedor / una cuchara.

28 주문 하시겠어요?
ju-mun ha-shi-get-ssŏ-yo?
¿Te gustaría ordenar?

29 주문 도와드릴까요?
ju-mun do-wa-dŭ-ril-gga-yo?
¿Puedo ayudarlo (con su) pedido?

30 시간을 조금 더 주세요.
shi-gan ŭl jo-gŭm dŏ   ju-se-yo.
Dame un poco más de tiempo, por favor.

31 주문하신 음식 나왔습니다.
ju-mun-ha-shin ŭm-shik na-wat-ssŭp-ni-da.
Aquí está el plato que ordenó.

32 이건 제가 주문한게 아닌데요.
i-gŏn   je ga   ju-mun-han-ge a-nin-de-yo.
Esto no es lo que pedí.

33 다시 확인 해주세요.
da-shi hwag-in hae-ju-se-yo.
Verifique nuevamente, por favor.

34 사진과 너무 다른데요.
sa-jin gwa nŏ-mu da-rŭn-de-yo.
Es muy diferente de la imagen.

35 주방장을 불러주세요.
ju-bang-jang ŭl bul-lŏ-ju-se-yo.
Tráeme el chef, por favor.

36 음식이 식었어요.
ŭm-shig i shig-ŏ-ssŏ-yo.
La comida está fría.

37 음식에서 이게 나왔어요.
ŭm-shig e-sŏ i-ge na-wa-ssŏ-yo.
Esto estaba en mi comida.

38 음식이 너무 짜요/싱거워요.
ŭm-shig i nŏ-mu jja-yo / shing-gŏ-wŏ-yo.
La comida es demasiado salada / sosa.

39 이건 어떻게 먹나요?
i-gŏn ŏ-ttŏ-ke mŏk-na-yo?
¿Cómo se come esto?

40 음식 언제 나오나요?
ŭm-shig ŏn-je na-o-na-yo?
¿Cuándo sale la comida?

41 왜 이렇게 오래 걸리죠?
wae i-rŏt-ke o-rae gŏl-li-jyo?
¿Por qué lleva tanto tiempo?

42 주문이 들어갔나요?
ju-mun i dŭl-ŏ-gat-na-yo?
¿Pasó la orden?

43 계산서를 주세요.
gye-san-sŏ rŭl ju-se-yo.
Por favor dame la factura.

44 잘 먹었습니다.
jal mŏg-ŏ-ssŭp-ni-da.
Gracias por la comida.

45 정말 맛있었어요.
jŏng-mal ma-shi-ssŏ-ssŏ-yo.
Fue realmente delicioso.

46 배가 불러요.
bae ga bul-lŏ-yo
Estoy lleno.

47 포장 되나요?
po-jang doe-na-yo.
¿Puedo sacar esto?

48 남은 음식을 싸주세요.
nam-ŭn ŭm-shig ŭl ssa-ju-se-yo.
Me gustaría una bolsa plastica, por favor.

Capítulo 6. En el Aeropuerto

01 어느 항공 인가요?
ŏ-nŭ hang-gong in-ga-yo?

¿Qué aerolínea es?

02 한국항공 입니다.
han-guk hang-gong ip-ni-da.

Es la aerolínea Hanguk.

03 201 항공편 입니다.
i-gong-il hang-gong-pyŏn ip-ni-da.

Es el vuelo 201.

04 여권을 보여주세요.
yŏ-ggwŏn ŭl bo-yŏ-ju-se-yo.

Muéstrame el pasaporte, por favor.

05 예약을 확인 해주세요.
ye-yag ŭl hwag-in hae-ju-se-yo.

¿Podría confirmar (mi) reserva?

06 이번/다음 터미널에 내려주세요.
i-bŏn / da-ŭm tŏ-mi-nŏl e nae-ryŏ-ju-se-yo.

Por favor déjeme en esta / próxima terminal.

07 수속을 하려고요.
su-sog ŭl ha-ryŏ-go-yo.

Me gustaria registrar por favor.

08 수속 카운터는 어디인가요?
su-sok ka-un-tŏ nŭn ŏ-di-in-ga-yo?

¿Dónde está el mostrador de facturación?

09 부산까지 가시죠?
bu-san gga-ji ga-shi-jyo?

Vas a Busan, ¿verdad?

10 직항이죠?
jik-hang i-jyo?

Es un vuelo directo, ¿verdad?

11 어떤 목적으로 가시나요?
ŏ-ttŏn mok-jŏg ŭ-ro ga-shi-na-yo?

¿Cuál es el propósito de tu viaje?

12 짐을/수하물을 부치시나요?
jim ŭl / su-ha-mul ŭl bu-chi-shi-na-yo?

¿Estás registrando maletas / equipaje?

13 짐이/수하물이 몇개인가요?
jim i / su-ha-mul i myŏt-gae-in-ga-yo?

¿Cuántas maletas / equipaje hay?

14 짐은/수하물은 무게 제한이 얼마죠?
jim ŭn / su-ha-mul ŭn mu-ge je-han i ŏl-ma-jyo?

¿Cuál es el límite de peso (en el) equipaje / equipaje?

15 짐이 무게를 초과했어요.
jim i mu-ge rŭl cho-gwa-hae-ssŏ-yo.

(Su) equipaje está por encima del peso (límite).

16 몇개를 뺄게요.
myŏt-gae rŭl bbael-gge-yo.

Sacaré algunos.

17 얼마나 초과되었나요?
ŏl-ma-na cho-gwa-doe-ŏt-na-yo?

¿Cuánto ha terminado?

18 이제 어떤가요?
i-je   ŏ-ttŏn-ga-yo?

¿Que tal ahora?

19 수속 하셨나요?
su-sok ha-shŏt-na-yo?

¿Te has registrado?

20 아니요, 수속 좀 도와주세요.
a-ni-yo,   su-sok jom do-wa-ju-se-yo.

No, por favor ayúdame con el check-in.

21 인터넷으로 예약을 했어요.
in-tŏ-ne-sŭ-ro   ye-yag ŭl hae-ssŏ-yo.

Hice una reserva a través de Internet.

22 여기 제 예약번호가 있습니다.
yŏ-gi   je ye-yak-bŏn-ho ga it-ssŭp-ni-da.

Aquí está mi número de reserva.

23 마일리지가 적립되었습니다.
ma-il-li-ji ga jŏng-nip-doe-ŏ-ssŭp-ni-da.

El kilometraje ha sido acumulado.

24 초과 수화물 비용이 있나요?
cho-gwa su-hwa-mul bi-yong i it-na-yo?

¿Hay algún cargo por exceso de equipaje?

25 카트는 어디 있나요?
ka-tŭ nŭn ŏ-di it-na-yo?

¿Dónde están los carros?

26 좌석이 지정되어 있나요?
jwa-sŏg i ji-jŏng-doe-ŏ it-na-yo?

¿Están los asientos asignados previamente?

27 제 좌석은 어디죠?
je jwa-sŏg ŭn ŏ-di-jyo?

¿Dónde está mi asiento?

28 좌석 변경이 가능한가요?
jwa-sŏk byŏn-gyŏng i ga-nŭng-han-ga-yo?

¿Puedo cambiar el asiento?

29 창가쪽/복도쪽/가운데 좌석 있나요?
chang-gga-jjok/bok-ddo-jjok/ga-un-dae jwa-sŏk it-na-yo?

¿Tiene una (n) ventana / isla / asiento central disponible?

30 창가쪽/복도쪽/가운데 좌석 부탁합니다.
chang-gga-jjok/bok-ddo-jjok/ga-un-dae jwa-sŏg
bu-tak-hap-ni-da.

Una (n) ventana / isla / asiento central, por favor.

31 정시에 출발하나요?
jŏng-shi e chul-bal ha-na-yo?

¿Sale a la hora programada?

32 동반자가 있나요?
dong-ban-ja ga it-na-yo?

¿Tienes un compañero?

33 비자가 있나요?
bi-za ga it-na-yo?

¿Tiene usted una visa?

34 신분증을 보여주세요.
shin-bun-tzŭng ŭl bo-yŏ-ju-se-yo.

Muéstrame (tu) tarjeta, por favor.

35 몇시에 탑승 시작하죠?
myŏ-sshi-e tap-sŭng shi-jag-ha-jyo?

¿A qué hora comienza el embarque?

36 만석입니다.
man-sŏg ip-ni-da.

Tenemos un vuelo completo.

37 탑승권을 보여주세요.
tap-sŭng-ggwŏn ul bo-yŏ-ju-se-yo.

Muéstrame (tu) tarjeta de embarque, por favor.

38 한국항공 카운터는 어디죠?
han-guk-hang-gong ka-un-tŏ nŭn ŏ-di-jyo?

¿Dónde está el mostrador de Hanguk Airline?

39 짐은 어디에서 찾나요?
jim ŭn ŏ-di e-sŏ chat-na-yo?

¿Dónde recojo (mi) equipaje?

40 짐을 잃어버렸어요.
jim-ŭl il-ŏ-bŏ-ryŏ-ssŏ-yo.

Perdí mi equipaje.

41 면세점은 어디죠?
myŏn-se-jŏm ŭn ŏ-di-jyo?

¿Dónde está la tienda libre de impuestos?

42 애완동물도 탑승이 가능한가요?
ae-wan-dong-mul do tap-sŭng-i ga-nŭng-han-ga-yo?

¿Puedo traer mascotas en el avión también?

43 환승 게이트는 어디죠?
hwan-sŭng ge-i-tŭ-nŭn ŏ-di-jyo?

¿Dónde está la puerta de transferencia?

44 연착 되었나요?
yŏn-chak doe-ŏt-na-yo?

¿Está retrasado?

45 다음 비행기편에 늦었습니다.
da-ŭm bi-haeng-gi-pyŏn e nŭ-zŏt-ssŭp-ni-da.

Llego tarde a (mi) vuelo de conexión.

46 비행기를 놓칠 것 같아요.
bi-haeng-gi rŭl not-chil-gŏt gat-a-yo.

Creo que voy a perder (mi) avión vuelo.

47 제가 먼저 가도 될까요?
je ga mŏn-jŏ ga-do doel-gga-yo?

¿Puedo ir primero?

48 줄이 기네요.
jul i gi-ne-yo.

Es una línea larga.

49 여행자보험을 구입하고 싶은데요.
yŏ-haeng-ja bo-hŏm-ŭl gu-ip-ha-go ship-ŭn-de-yo.

Me gustaría comprar un seguro de viajero.

50 면세품을 주문하고 싶은데요.
myŏn-se-pum ŭl ju-mun-ha-go ship-ŭn-de-yo.
Me gustaría pedir artículos libres de impuestos.

51 여권을 집에 놓고 왔어요.
yŏ-ggwŏn-ŭl jib e not-ko wa-ssŏ-yo.
Dejé mi pasaporte en casa.

52 금지된 물건이 있나요?
gŭm-ji-doen mul-gŏn i it-na-yo?
¿Hay (algún) artículo restringido?

53 깨지기 쉬운 물건이 들어있어요.
ggae-ji-gi shwi-un mul-gŏn i dŭl-ŏ-i-ssŏ-yo.
Hay elementos frágiles en el mismo.

54 짐이 서울까지 가나요?
jim i sŏ-ul gga-ji ga-na-yo?
¿Se va (mi) equipaje a Seúl?

55 도쿄까지 연결되나요?
to-kyo gga-ji yŏn-gyŏl-doe-na-yo?
¿Se conecta a Tokio?

56 짐을 다시 찾아야 하나요?
jim ŭl da-shi cha-ja-ya ha-na-yo?
¿Tengo que recoger (mi) equipaje nuevamente?

57 게이트가 몇번인가요?
ge-i-tŭ ga myŏt bŏn in-ga-yo?
¿Qué número es la puerta?

58 짐을 부치시겠어요?
jim ŭl bu-chi-shi-get-ssŏ-yo?
¿Quieres facturar (tu) bolso?

59 아니요, 들고 탈게요.
a-ni-yo, dŭl-go tal-gge-yo.
No, lo llevaré a bordo.

60 아기도 티켓을 사야 하나요?
a-gi do ti-ke sŭl sa-ya ha-na-yo?
¿Un (n) bebé / bebé también tiene que comprar un boleto?

61 아기가 몇 살이죠?
a-gi ga myŏt sal i-jyo?
¿Qué edad tiene el bebé?

62 세 살입니다.
se sal ip-ni-da.
Él / ella tiene tres años.

63 신발을/안경을 벗어야 하나요?
shin-bal ŭl/an-gyŏng ŭl bŏ-sŏ-ya ha-na-yo?
¿Necesito quitarme (mis) zapatos / lentes?

64　랩탑을 꺼내야 하나요?
leb-tab ŭl ggŏ-nae-ya ha-na-yo?
¿Necesito sacar (mi) computadora portátil?

65　모자를 벗어주세요.
mo-ja rŭl　bŏ-sŏ-ju-se-yo.
Por favor quítese (su) sombrero.

66　안경도 벗어야 하나요?
an-gyŏng do bŏ-sŏ-ya ha-na-yo?
¿También necesito quitarme (mis) anteojos?

67　탑승을 시작합니다.
tap-sŭng ŭl shi-jak-hap-ni-da.
Estamos empezando a abordar.

68　탑승을 마감합니다.
tap-sŭng ŭl ma-gam-hap-ni-da.
Cerraremos el vuelo.

69　제가 먼저 왔는데요.
je ga　mŏn-jŏ wat-nŭn-de-yo.
Yo estaba aqui primero.

70　줄이 여기인가요?
jul i　yŏ-gi in-ga-yo?
¿Es esta la línea?

71　도와주시겠어요?
do-wa-ju-si-get-ssŏ-yo?.
¿Podrías ayudarme por favor?

72　비행기를 놓쳤어요.
bi-haeng-gi rŭl not-chŏ-ssŏ-yo.
Perdí (mi) avión vuelo.

73　연결편이 연착/취소되었어요.
yŏn-gyŏl-pyŏn i yŏn-chak/chwi-so doe-ŏ-ssŏ-yo.
El vuelo de conexión se ha retrasado / cancelado.

74　비행기가 연착/취소되었어요.
bi-haeng-gi ga yŏn-chak/chwi-so doe-ŏ-ssŏ-yo.
El vuelo ha sido retrasado / cancelado.

75　보상을 원합니다.
bo-sang ŭl wŏn-hap-ni-da.
Quiero compensacion

76　호텔을 제공해주세요.
ho-tel ŭl　je-gong hae-ju-se-yo.
Dame un hotel, por favor.

77　남은 자리가 있나요?
nam-ŭn ja-ri ga　it-na-yo?
¿Tienes asientos restantes?

78　자리가 다 찼네요.
ja-ri ga da　chat-ne-yo.
Todos los asientos han sido ocupados.

79 편도입니까? / 왕복입니까?
pyŏn-do ip-ni-gga? / wang-bog ip-ni-gga?
¿Es un viaje de ida? ¿Es un viaje redondo?

80 편도는/왕복은 얼마죠?
pyŏn-do nŭn / wang-bog ŭn ŏl-ma-jyo?
¿Cuánto cuesta para un viaje de ida / ida y vuelta?

81 가장 빠른 다음 편은 언제죠?
ga-jang bba-rŭn da-ŭm pyŏn ŭn ŏn-je-jyo?
¿Cuándo es el próximo vuelo más temprano?

82 짐이 도착을 안했어요.
jim i do-chag ŭl an-hae-ssŏ-yo.
(Mi) equipaje no ha llegado.

83 가방이 부숴졌어요.
ga-bang i bu-swŏ-jyŏ-ssŏ-yo.
(Mi) bolsa ha sido dañada / rota.

84 지갑이 없어졌어요.
ji-gab i op-ssŏ-jyŏ-ssŏ-yo.
(Mi) billetera falta.

85 환전을 하고 싶은데요.
hwan-jŏn ŭl ha-go ship-ŭn-de-yo.
Me gustaría cambiar dinero.

86 환율이 어떻게 되나요?
hwan-yul i ŏ-ttŏ-ke doe-na-yo?
¿Cuál es el tipo de cambio?

87 10만원 어치 바꿔주세요.
ship ma-wŏn ŏ-chi ba-ggwŏ-ju-se-yo.
Por favor intercambie 0000 Won de valor.

88 원으로/달러로 바꿔주세요.
wŏn ŭ-ro / dal-lŏ ro ba-ggwŏ-ju-se-yo.
Por favor cámbielo a Won / Dollar.

89 버스는/택시는 어디에서 타나요?
bŏ-sŭ nŭn/tek-shi nŭn ŏ-di-e-sŏ ta-na-yo?
(Desde) ¿de dónde tomo el autobús / Taxi?

90 미국까지 가나요?
mi-guk gga-ji ga-na-yo?
¿Va a los Estados Unidos?

Capítulo 7. En el Avión

01 여기 제 자리 같은데요.
yŏ-gi je ja-ri gat-ŭn-de-yo?

Creo que este es mi asiento.

02 자리를 확인 해 주시겠어요?
ja-ri rŭl hwag-in hae ju-shi-get-ssŏ-yo?

¿Verificaría (su) asiento?

03 자리 찾는 것 좀 도와주세요.
ja-ri chat-nŭn gŏt jom do-wa-ju-se-yo.

Por favor, ayúdame a encontrar mi asiento.

04 여기는 제 자리입니다.
yŏ-gi nŭn je ja-ri ip-ni-da.

Este es mi asiento.

05 여권과 탑승권을 보여주세요.
yŏ-ggwŏn-gwa tap-sŭng-gwŏn ŭl bo-yŏ-ju-se-yo.

Muéstrame (tu) pasaporte y tarjeta de embarque.

06 들고 타도 되나요?
dŭl-go ta-do doe-na-yo?

¿Puedo continuar (esto)?

07 강아지가/고양이가 있어요.
gang-a-ji ga / go-yang-i ga   i-ssŏ-yo.

Tengo un cachorro (perro) / gato.

08 짐을 실어주세요.
jim ŭl shil-ŏ-ju-se-yo.

Por favor cargue (mi) equipaje.

09 짐이 무겁습니다.
jim i mu-gŏp-sŭp-ni-da.

(Mi) equipaje es pesado.

10 짐을 꺼내주세요.
jim ŭl ggŏ-nae-ju-se-yo.
Saque (mi) equipaje.

11 좀 도와주시겠어요?
jom do-wa-ju-shi-get-ssŏ-yo?
¿Podrías ayudarme un poco?

12 가방 안에 무엇이 들어있나요?
ga-bang an-e mu-ŏ shi dŭl-ŏ-it-na-yo?
¿Que hay en la bolsa?

13 비상구는 어디입니까?
bi-sang-gu nŭn ŏ-di-ip-ni-gga?
¿Dónde está la salida de emergencia?

14 벨트를 매 주세요.
bel-tŭ rŭl mae ju-se-yo.
Por favor abrochen sus cinturones.

15 기내에서는 금연입니다.
gi-nae-e-sŏ nŭn gŭm-yŏn-ip-ni-da.
Está prohibido fumar a bordo.

16 휴대폰은 비행기 모드로 바꿔주세요.
hyu-dae-pon ŭn bi-haeng-gi mo-dŭ ro ba-ggwŏ-ju-se-yo.
Cambie (su) teléfono celular al modo avión.

17 전자기기를 모두 꺼주세요.
jŏn-ja-gi-gi rŭl mo-du ggŏ-ju-se-yo.
Apague todos (sus) dispositivos electrónicos.

18 휴대폰을 써도 되나요?
hyu-dae-pon ŭl ssŏ-do doe-na-yo?
¿Puedo usar (mi) teléfono celular?

19 화장실에 가도 되나요?
hwa-jang-shil e ga-do doe-na-yo?
¿Puedo ir al baño?

20 승무원의 안내에 따라주세요.
sŭng-mu-wŏn ŭi an-nae-e tta-ra-ju-se-yo.
Siga las instrucciones de la azafata.

21 등받이를 세워주세요.
dŭng-ba-ji rŭl se-wŏ-ju-se-yo.
Levante el sillón reclinable.

22 창문을 올려주세요.
chang-mun-ŭl ol-lyŏ-ju-se-yo.
Por favor, suba la ventana.

23 기류가 불안정합니다.
gi-ryu ga bul-an-jŏng-hap-ni-da.

Estamos experimentando una turbulencia.

24 자리로 돌아가주세요.
ja-ri ro dol-a-ga-ju-se-yo.

Por favor regrese a (su) asiento.

25 언제 출발하나요?
ŏn-je chul-bal ha-na-yo?

¿Cuándo despegamos?

26 언제 도착하나요?
ŏn-je do-chak ha-na-yo?

¿Cuándo llegamos?

27 기내식은 언제 나오나요?
gi-nae-shig ŭn ŏn-je na-o-na-yo?

¿Cuándo se sirven las comidas a bordo?

28 메뉴를 볼 수 있을까요?
me-nyu rŭl bol su i-ssŭl-gga-yo?

¿Me trae la carta?

29 알러지가 있으신가요?
al-lŏ-ji ga i-ssŭ-shin-ga-yo?

¿Tienes alergias?

30 땅콩에 알러지가 있습니다.
ttang-kong e al-lŏ-j i ga it-ssŭp-ni-da.

Soy alérgico al maní.

31 식사를 드리겠습니다.
shik-sa rŭl dŭ-ri-get-ssŭp-ni-da.

Te serviremos las comidas.

32 어느 것으로 하시겠습니까?
ŏ-nŭ gŏ sŭ-ro ha-shi-get-ssŭm-ni-gga?

¿Cuál te gustaría elegir?

33 식사를 바꿔도 되나요?
shik-sa rŭl ba-ggwŏ-do doe-na-yo?

¿Puedo cambiar (mi) comida?

34 기내식이 나올때 깨워주세요.
gi-nae-shig i na-ol-ttae ggae-wŏ-ju-se-yo.

Despiérteme cuando se sirvan las comidas (en vuelo).

35 머리가 아파요.
mŏ-ri ga a-pa-yo.

(Me duele la cabeza.

36 두통이 심합니다.
du-tong i shim-hap-ni-da.

Tengo un fuerte dolor de cabeza.

37 토할 것 같아요.
to-hal gŏt gat-a-yo.
Creo que voy a vomitar.

38 멀미가 심하네요.
mŏl-mi ga shim-ha-ne-yo.
Me estoy mareando mucho.

39 속이 좋지 않아요.
sog i jot-chi a-na-yo.
Me duele el estómago.

40 진통제 있나요?
jin-tong-je it-na-yo?
¿Tienes un analgésico?

41 비행기안에 의사가 있나요?
bi-haeng-gi an-e ŭi-sa ga it-na-yo?
¿Hay un doctor en el avión?

42 충전이 가능한가요?
chung-jŏn i ga-nŭng-han-ga-yo?
¿Es posible cargar (el teléfono)?

43 팔걸이가 고장났어요.
pal-gŏl-i ga go-jang-na-ssŏ-yo.
El reposabrazos está roto.

44 리모콘이 작동을 안해요.
ri-mo-kon i jak-dong ŭl an-hae-yo.
El control remoto no funciona.

45 엔진에서 연기가 나요.
en-jin e-sŏ yŏn-gi ga na-yo.
Sale humo del motor.

46 비상사태입니다.
bi-sang-sa-tae ip-ni-da.
Es una situación de emergencia.

47 의자가 고장났어요.
ŭi-ja ga go-jang-na-ssŏ-yo.
La silla está rota.

48 불이 안 켜져요.
bul i an kyŏ-jyŏ-yo.
La luz no se enciende.

49 티비를 어떻게 사용하죠?
ti-bi rŭl ŏ-ttŏ-gge sa-yong-ha-jyo?
¿Cómo uso el televisor?

50 티비가 안나와요.
ti-bi ga an-na-wa-yo.
La televisión no funciona.

51 저 승객이 이상해요.
jŏ sŭng-gaeg i i-sang-hae-yo.

Ese pasajero es raro / extraño.

52 많이 취한 것 같아요.
man-i chwi-han gŏt gat-a-yo.

(Él / Ella) parece muy borracho.

53 다른 자리로 옮겨도 될까요?
da-rŭn ja-ri ro om-gyŏ-do doel-gga-yo?

¿Puedo cambiar a un asiento diferente?

54 빨리 내려야 해요.
bbal-li nae-ryŏ-ya hae-yo.

Tengo que bajarme rápido.

55 어디까지 가세요?
ŏ-di gga-ji ga-se-yo?

¿Cuál es tu destino final?

56 저도 거기에 갑니다.
jŏ do gŏ-gi e gap-ni-da.

Yo voy (a) allí también.

57 여행 가시나요?
yŏ-haeng ga-shi-na-yo?

¿Vas a ir de viaje?

58 코를 골아서 죄송합니다.
ko rŭl gol-a-sŏ joe-song-hap-ni-da.

Perdón por roncar.

59 안대 있나요?
an-dae it-na-yo?

¿Tienes una sombra para dormir?

60 담요를 주세요.
dam-nyo rŭl ju-se-yo.

Por favor, dame una manta.

61 물 좀 주세요.
mul jom ju-se-yo.

Dame un poco de agua, por favor.

62 심하게 흔들리네요.
shim-ha-ge hŭn-dŭl-li-ne-yo.

Está temblando excesivamente.

63 면세품은 어디서 찾나요?
myŏn-se-pum ŭn ŏ-di-sŏ chat-na-yo?

¿Dónde recojo los artículos libres de impuestos?

64 면세 한도가 어떻게 되나요?
myŏn-se han-do ga ŏ-ttŏ-ke doe-na-yo?

¿Cuál es el límite libre de impuestos?

65 이것을 사고 싶어요.
i-gŏ sŭl sa-go ship-ŏ-yo.

Me gustaría comprar esto.

66 여기 있습니다.
yŏ-gi   it-ssŭp-ni-da.

Aquí estás.

67 필요한게 있으면 알려주세요.
pil-yo-han-ge i-ssŭ-myŏn al-lyŏ-ju-se-yo.

Por favor, avíseme si necesita algo.

68 현지 시각은 몇시죠?
hyŏn-ji shi-gag ŭn myŏ-sshi-jyo?

¿Cuál es la hora local ahora?

69 입국신고서를 작성해주세요.
ip-guk-shin-go-sŏ rŭl jak-sŏng hae-ju-se-yo.

Por favor complete la tarjeta de llegada.

70 세관 신고서를 작성 해주세요.
se-gwan shin-go-sŏ rŭl jak-sŏng hae-ju-se-yo.

Por favor complete el formulario de declaración de aduanas.

Capítulo 8. Visa y Migración

01 어떤 일로 오셨나요?
ŏ-ttŏn il lo o-shŏt-na-yo?

¿Cuál es el propósito de su visita?

02 비자를 갱신하려고요.
bi-za rŭl gaeng-shin ha-ryŏ-go-yo.

Me gustaría renovar (mi) visa.

03 비자가 만기되었어요.
bi-za ga   man-gi doe-ŏ-ssŏ-yo.

(Mi / Su) visa ha expirado.

04 어떤 비자를 갖고 계시죠?
ŏ-ttŏn   bi-za rŭl   gat-go gye-shi-jyo?

¿Qué tipo de visa tienes?

05 관광/투자/학생 비자입니다.
gwan-gwang/tu-ja/hak-saeng bi-za ip-ni-da.

Es una visa de turista / inversionista / estudiante.

06 영주권자인가요?
yŏng-ju-gwŏn-ja in-ga-yo?

¿Eres residente permanente?

07 어느 나라 국적이시죠?
ŏ-nŭ   na-ra guk-jŏk i-shi-jyo?

¿Cuál es tu nacionalidad?

08 신청서를 작성해주세요.
shin-chŏng-sŏ rŭl jak-sŏng hae-ju-se-yo.

Por favor complete la solicitud.

09 서류가 부족합니다.
sŏ-ryu-ga bu-jok-hap-ni-da.

Te faltan algunos documentos.

10 서류가 빠진 것 같아요.
sŏ-ryu ga bba-jin gŏt gat-a-yo.

Parece que faltan documentos.

11 신청서가 통과되지 못했습니다.
shin-chŏng-sŏ ga tong-gwa-doe-ji mot-haet-sŭp-ni-da.

(Su) solicitud no pasó.

12 신청서가 통과되었습니다.
shin-chŏng-sŏ ga tong-gwa doe-ŏt-ssŭp-ni-da.

(Su) solicitud fue aprobada.

13 다시 작성해주세요.
da-shi jak-sŏng hae-ju-se-yo.

Por favor complételo de nuevo.

14 담당자가 자리에 없습니다.
dam-dang-ja ga ja-ri-e ŏp-sŭp-ni-da.

La persona a cargo no está aquí.

15 어디 한번 볼까요?
ŏ-di han-bŏn bol-gga-yo?

Vamos a echar un vistazo?

16 빠진게 없는지 확인해보세요.
bba-jin-ge ŏp-nŭn-ji hwag-in hae-bo-se-yo.

Por favor, compruebe si no falta nada.

17 이렇게 작성하면 되나요?
i-rŏt-ke jak-sŏng ha-myŏn doe-na-yo?

¿Está bien si completo así?

18 어떻게 작성해야 하나요?
ŏ-ttŏ-ke jak-sŏng hae-ya ha-na-yo?

¿Cómo debo llenarlo?

19 이 부분이 잘 이해가 안됩니다.
i bu-bun i jal i-hae ga an-doep-ni-da.

No entiendo esta parte.

20 필요한 서류는 무엇인가요?
pil-yo-han sŏ-ryu nŭn mu-ŏ-shin-ga-yo?

¿Cuáles son los documentos necesarios / requeridos?

21 어느 부서로 가면 될까요?
ŏ-nŭ bu-sŏ ro ga-myŏn doel-gga-yo?

¿A qué departamento debo ir?

22 오늘 중으로 처리 될까요?
o-nŭl jung-ŭ-ro chŏ-ri doel-gga-yo?

¿Será procesado dentro de hoy?

23 택배로 보내주세요.
tek-bae-ro bo-nae-ju-se-yo.
Por favor envíelo por servicio de mensajería.

24 자리에서 대기해 주세요.
ja-ri-e-sŏ dae-gi hae ju-se-yo.
Por favor espere desde (su) asiento.

25 번호표를 뽑아주세요.
bŏn-ho-pyo rŭl bbob-a ju-se-yo.
Por favor tome un boleto de número.

26 아직 차례가 아닙니다.
a-jik cha-rye ga a-nip-ni-da.
No es (tu) turno todavía.

27 온라인으로도 신청 가능합니다.
on-la-in ŭ-ro do shin-chŏng ga-nŭng-hap-ni-da.
También puede enviarlo en línea.

28 내일 다시 오세요.
nae-il da-shi o-se-yo.
Por favor, vuelve mañana.

29 며칠 정도 걸릴까요?
myŏ-chil jŏng-do gŏl-lil-gga-yo?
¿Aproximadamente cuántos días tomaría?

30 통역이 있나요?
tong-yŏk i it-na-yo?
¿Tienes intérprete?

31 공증을 받아야 합니다.
gong-zŭng ŭl bad-a ya hap-ni-da.
Necesitas tenerlo notariado.

32 인터뷰를 해야합니다.
in-tŏ-byu rŭl hae-ya-hap-ni-da.
Necesitas hacer una entrevista.

33 변호사가 동행해도 되나요?
byŏn-ho-sa ga dong-haeng hae-do doe-na-yo?
¿Puede un abogado / abogado acompañarme?

34 귀화를 신청하고 싶습니다.
gwi-hwa rŭl shin-chŏng ha-go-ship-ssŭp-ni-da.
Me gustaría presentar (para) la naturalización.

35 귀화 절차는 어떻게 되나요?
gwi-hwa jŏl-cha nŭn ŏ-ttŏ-ke doe-na-yo?
¿Cuál es el proceso (para) naturalización?

36 이중국적이 허용되나요?
i-jung guk-jŏg i hŏ-yong-doe-na-yo?
¿Se permite la doble ciudadanía?

37 여권이 만료되었어요.
yŏ-ggwŏn i mal-lyo-doe-ŏt-ŏ-yo.

(Mi / su) pasaporte ha expirado.

38 사진이 필요합니다.
sa-jin i pil-yo-hap-ni-da.

Necesitas una foto

39 수수료가 얼마죠?
su-su-ryo ga ŏl-ma-jyo?

¿Cuánto cuesta la tarifa?

40 검색대를 통과해야 합니다.
gŏm-saek-dae rŭl tong-gwa hae-ya hap-ni-da.

Necesitas pasar por el escáner.

41 소지품은 여기에 맡기세요.
so-ji-pum ŭn yŏ-gi e mat-gi-se-yo.

Por favor, deje (sus) pertenencias aquí.

42 나가실때 찾으세요.
na-ga-shil-ttae cha-zŭ-se-yo.

Recógelos cuando te vayas.

43 함께 들어가도 되나요?
ham-gge dŭl-ŏ-ga-do doe-na-yo?

¿Puedo entrar juntos?

44 서류가 처리되었습니다.
sŏ-ryu ga chŏ-ri doe-ŏt-ssŭp-ni-da.

Los documentos han sido procesados.

45 승인/거절되었습니다.
sŭng-in/gŏ-jŏl doe-ŏt-ssŭp-ni-da.

Ha sido aprobado / rechazado.

46 한국에서 하시는 일이 뭐죠?
han-guk e-sŏ ha-shi-nŭn il i mwŏ-jyo?

¿Cuál es el trabajo que haces en Corea?

47 어디에서 일하고 계시죠?
ŏ-di e-sŏ il-ha-go gye-shi-jyo?

¿Dónde trabajas?

48 한국에 얼마나 머무실 예정인가요?
han-gug e ŏl-ma-na mŏ-mu-shil ye-jŏng-in-ga-yo?

¿Cuánto tiempo planeas quedarte en Corea?

49 면세한도를 초과한 물품이 있나요?
myŏn-se-han-do-rŭl cho-gwa-han mul-pum i it-na-yo?

¿Tiene artículos que están por encima del límite de aduanas?

50 금지된 품목이 있나요?
gŭm-ji-doen pum-mog i it-na-yo?

¿Tienes artículos prohibidos?

51 한국 방문 목적이 어떻게 되시죠?
han-gug bang-mun mok-jŏg i ŏ-ttŏ-ke doe-shi-jyo?
¿Cuál es el propósito (de su) visita a Corea?

52 한국에서는 어디에 머무르시죠?
han-guk e-sŏ nŭn ŏ-di-e mŏ mu-rŭ-shi-jyo?
¿Dónde te vas a quedar en Corea?

53 관광 목적으로 왔습니다.
gwan-gwang mok-jŏg ŭ-ro wat-ssŭp-ni-da.
Vine con el propósito (de) hacer turismo.

54 한국호텔에 머무릅니다.
han-guk ho-tel e mŏ-mu-rŭp-ni-da.
Me estoy quedando En el HotelHanguk.

55 짐은 이게 전부입니다.
jim ŭn i-ge jŏn-bu ip-ni-da.
Esto es todo (para mi) equipaje.

56 홍대에서 공부하고 있습니다.
hong-dae e-sŏ gong-bu ha-go-it-ssŭp-ni-da.
Estoy estudiando en Hongdae.

57 약 6개월 머무를 예정입니다.
yak yuk-gae-wŏl mŏ-mu-rŭl ye-jŏng-ip-ni-da.
Planeo quedarme (por) unos meses.

58 보증인의 편지입니다.
bo-zŭng-in-ŭi pyŏn-ji ip-ni-da.
(Esto) es una carta (de mi) garante.

59 2차 심사실로 가주세요.
i-cha shim-sa-shil ro ga-ju-se-yo.
Vaya a la sala de proyección secundaria.

60 이제 다 되셨습니다.
i-je da doe-shŏt-ssŭp-ni-da.
Ya está todo listo.

61 가보셔도 좋습니다.
ga-bo-shŏ-do jot-ssŭp-ni-da.
Puedes irte ahora. / Tú eres bueno para irte.

62 즐거운 여행 되세요.
jŭl-gŏ-un yŏ-haeng doe-se-yo.
Que tengas un buen viaje.

Capítulo 9. Taxi

01
택시!
tek-shi!

¡Taxi!

02
반포까지 가주세요.
banpo gga-ji ga-ju-se-yo.

Por favor ve a Banpo.

03
반포에 가려고 하는데요.
banpo e ga-ryŏ-go ha-nŭn-de-yo.

Estoy tratando de llegar a Banpo.

04
주소를 보여 드릴게요.
ju-so rŭl bo-yŏ dŭ-ril-gge-yo.

Déjame mostrarte la dirección.

05
이게 주소입니다.
i-ge ju-so ip-ni-da.

Esta es la dirección.

06
목적지가 어디죠?
mok-jŏk-ji ga ŏ-di-jyo?

¿Donde esta el destino?

07
목적지는 여기입니다.
mok-jŏk-ji nŭn yŏ-gi ip-ni-da.

Éste es el destino.

08
여기로 가주세요.
yŏ-gi ro ga-ju-se-yo.

Por favor llévame aquí.

09
어디로 갈까요?
ŏ-di ro gal-gga-yo?

¿A dónde deberíamos ir?

10 빨리 가주세요.
bbal-li ga-ju-se-yo.

Por favor date prisa.

11 빠른 길로 가주세요.
bba-rŭn gil ro ga-ju-se-yo.

Por favor tome la ruta rápida.

12 지름길로 가주세요.
ji-rŭm-gil ro ga-ju-se-yo.

Por favor toma el atajo.

13 여기 세워주세요.
yŏ-gi se-wŏ-ju-se-yo.

Por favor deténgase aquí.

14 여기 내릴게요.
yŏ-gi nae-ril-gge-yo.

Me bajaré aquí.

15 수고하세요.
su-go-ha-se-yo.

Gracias.

16 내비를 따라 가주세요.
ne-bi rŭl tta-ra ga-ju-se-yo.

Por favor siga la navegación.

17 돌아가는 것 같은데요.
dol-a-ga-nŭn gŏt gat-ŭn-de-yo.

Creo que estamos tomando una ruta indirecta.

18 이 길이 아닙니다.
i gil i a-nip-ni-da.

No es así.

19 이쪽으로 가면 안돼요.
i-jjog ŭ-ro ga-myŏn an-doe-yo.

No deberías ir por este lado.

20 카드로 계산할게요.
ka-dŭ ro gye-san-hal-gge-yo.

Pagaré con tarjeta de crédito.

21 현금이 없어요.
hyŏn-gŭm i ŏp-ssŏ-yo.

No tengo efectivo.

22 요금이 너무 많이 나왔어요.
yo-gŭm i nŏ-mu man-i na-wa-ssŏ-yo.

Me estás cobrando de más.

23 경찰서로 갑시다.
gyŏng-chal-sŏ ro gap-shi-da.

Vamos a la estación de policía.

24 이건 아니죠.
i-gŏn a-ni-jyo.

Esto no está bien.

25 외국인이라고 바가지 씌우면 안돼요.
oe-gug-in i-ra-go ba-ga-ji ssi-u-myŏn an-doe-yo.

No deberías estafarme porque soy un extranjero.

26 직진 해주세요.
jik-jin hae-ju-se-yo.

Por favor, sigue derecho.

27 계속 가주세요.
gye-sok ga-ju-se-yo.

Por favor sigue adelante.

28 좌회전/우회전 해주세요.
jwa-hoe-jŏn/u-hoe-jŏn hae-ju-se-yo.

Gire a la izquierda / derecha, por favor.

29 여기서/저기서 직진 해주세요.
yŏ-gi-sŏ/jŏ-gi-sŏ jik-jin/u-hoe-jŏn hae-ju-se-yo.

Ir directamente aquí / allá, por favor.

30 이번/다음 신호등에서 유턴 해주세요.
i-bŏn / da-ŭm shin-ho-dŭng e-sŏ yu-tŏn hae-ju-se-yo.

Haga un cambio de sentido en esta / próxima luz, por favor.

31 이번/다음 골목으로 들어가 주세요.
i-bŏn / da-ŭm gol-mog ŭ-ro   dŭl-ŏ-ga ju-se-yo.

Entra en este / próximo callejón, por favor.

32 지나쳤어요.
ji-na-chyŏ-ssŏ-yo.

Lo has pasado.

33 너무 많이 왔어요.
nŏ-mu man-i wa-ssŏ-yo.

Has llegado demasiado lejos.

34 여기가 아닌데요.
yŏ-gi ga   a-nin-de-yo.

Éste) no es (el lugar / destino).

35 아까 거기로 돌아가 주세요.
a-gga gŏ-gi ro   dol-a-ga ju-se-yo.

Por favor, vuelve a donde estábamos antes.

36 목적지가 바뀌었어요.
mok-jŏk-ji ga ba-ggwi-ŏ-ssŏ-yo.

El destino ha sido cambiado.

37　통역을 부탁합니다.
tong-yŏg ŭl bu-tak-hap-ni-da.

Me gustaría un traductor, por favor.

38　영수증을 주세요.
yŏng-su-zŭng ŭl ju-se-yo.

Por favor dame el recibo.

39　신고 할거예요.
shin-go hal-gŏ-ye-yo.

Voy a reportarte.

40　트렁크 좀 열어주세요.
tŭ-rŏng-kŭ jom yŏl-ŏ-ju-se-yo.

Por favor abre el baúl para mí.

41　트렁크에 짐 좀 넣을게요.
tŭ-rŏn-kŭ e　jim jom nŏ-ŭl-gge-yo.

Voy a poner algo de equipaje en el maletero.

42　요금이 정해져 있나요?
yo-gŭm i　jŏng-hae-jyŏ it-na-yo?

¿Es una tarifa plana?

43　미터기로 갑니다.
mi-tŏ-gi　ro　gap-ni-da.

Lo cobra el taxímetro.

44　열시 까지 도착할 수 있을까요?
yŏl-shi gga-ji　do-chak-hal su i-ssŭl-gga-yo?

¿Podemos llegar a las 0 en punto?

45　고속도로를 타주세요.
go-sok-do-ro rŭl　ta-ju-se-yo.

Por favor toma la autopista.

46　추가 요금이 있습니다.
chu-ga yo-gŭm i　it-ssŭp-ni-da.

Hay un cargo adicional.

47　창문 좀 열어주세요.
chang-mun jom yŏl-ŏ-ju-se-yo.

Por favor abre la ventana.

48　창문 좀 닫아주세요.
chang-mun jom dad-a-ju-se-yo.

Por favor cierra la ventana.

49　잔돈은 괜찮습니다.
jan-don-ŭn goen-chan-sŭp-ni-da.

Por favor guarde el cambio.

50　여기 왼쪽/오른쪽.
yŏ-gi　oen-jjog/o-rŭn-jjog-i-yo.

(A la) izquierda / derecha aquí.

51 내릴게요.
nae-ril-gge-yo.
Estoy saliendo.

52 택시 좀 불러주세요.
tek-shi jom bul-lŏ-ju-se-yo.
Por favor llame a un taxi por mí.

53 이 주소로 가주세요.
i ju-so ro ga-ju-se-yo.
Por favor vaya a esta dirección.

54 트렁크에 가방 좀 넣어주세요.
tŭ-rŏn-kŭ e ga-bang jom nŏ-ŏ-ju-se-yo.
Por favor, ponga la bolsa en el maletero.

55 이태원까지는 얼마 나올까요?
i-tae-wŏn gga-ji nŭn ŏl-ma na-ol-gga-yo?
¿Cuánto le costaría (llegar) a Itaewon?

56 좀 바쁩니다.
jom ba-bbŭp-ni-da.
Tengo un poco de prisa.

57 택시는 어디에서 타나요?
tek-shi-nŭn ŏ-di-e-sŏ ta-na-yo?
¿Donde puedo conseguir un taxi?

58 택시 번호를 가지고 계세요?
tek-shi bŏn-ho rŭl ga-ji-go gye-se-yo?
¿Tienes el número de taxi?

59 다 왔나요?
da wat-na-yo?
¿Hemos llegado?

60 이태원으로 데리러 올 수 있나요?
i-tae-wŏn ŭ-ro de-ri-rŏ ol su it-na-yo?
¿Puedes venir a Itaewon a recogerme?

61 가는 중입니다.
ga-nŭn jung-ip-ni-da.
Voy en camino.

62 여기서 기다려 주실 수 있나요?
yŏ-gi-sŏ gi-da-ryŏ ju-shil su it-na-yo?
¿Puedes esperarme aquí, por favor?

63 미터기가 작동하고 있나요?
mi-tŏ-gi ga jak-dong ha-go it-na-yo?
¿Funciona el taxímetro?

64 미터기를 켜 주세요.
mi-tŏ-gi rŭl kyŏ ju-se-yo.
Por favor encienda el taxímetro.

65 천천히 말해주세요.
chŏn-chŏn hi mal-hae-ju-se-yo.

Por favor habla despacio.

66 백화점에서 내려주세요.
bae-kwa-jŏ-m-e-sŏ nae-ryŏ-ju-se-yo.

Por favor déjame en los grandes almacenes.

67 천천히 가주세요.
chŏn-chŏn-hi ga-ju-se-yo.

Por favor, conduzca despacio.

68 에어컨을 켜주세요/꺼주세요.
e-ŏ-kŏn ŭl kyŏ-ju-se-yo/ggŏ-ju-se-yo.

Enciende / apaga el aire acondicionado.

69 방향을 저쪽으로 바꿔주세요.
bang-hyang ŭl jŏ-jjog ŭ-ro ba-ggwŏ-ju-se-yo.

Por favor, cambie la dirección de esa manera.

70 편의점에 들렀다가 갈게요.
pyŏn-ŭi-jŏm e dŭl-lŏt-da-ga gal-gge-yo.

Necesito pasar por la tienda de conveniencia.

71 가다가 일행을 태우고 가야합니다.
ga-da-ga il-haeng ŭl tae-u-go ga-ya-hap-ni-da.

Necesito recoger un compañero en el camino.

Capítulo 10. Subterraneo/Metro

01	지하철역이 어디죠? ji-ha-chŏl yŏg i ŏ-di-jyo?	**¿Dónde está la estación de metro?**
02	지하철 노선도가 있나요? ji-ha-chŏl no-sŏn-do ga it-na-yo?	**¿Tienes un mapa de líneas de metro?**
03	지하철 노선을 잘 몰라요. ji-ha-chŏl no-sŏn ŭl jal mol-la-yo.	**No estoy muy familiarizado con las líneas de metro.**
04	인천까지 가려면 몇호선을 타야 하나요? in-chŏn gga-ji ga-ryŏ-myŏn myŏt ho-sŏn ŭl ta-ya ha-na-yo?	**¿Qué línea numérica debo tomar para llegar a Incheon?**
05	1호선을 타세요. il ho-sŏn ŭl ta-se-yo.	**Tome la línea número.**
06	어느 역에서 내려야 하나요? ŏ-nŭ yŏg e-sŏ nae-ri-myŏn doe-na-yo?	**¿De qué estación debo bajar?**
07	제가 맞게 탔나요? je ga mat-ge tat-na-yo?	**¿Estoy en el tren correcto?**
08	개찰구는 어디인가요? gae-chal-gu nŭn ŏ-di-in-ga-yo?	**¿Dónde está la puerta de entrada / torniquete?**
09	어떻게 계산하나요? ŏ-ttŏ-ke gye-san ha-na-yo?	**¿Cómo puedo pagar?**

10 지하철표는 어디서 사나요?
ji-ha-chŏl-pyo nŭn ŏ-di-sŏ sa-na-yo?

¿Dónde compro el boleto del metro?

11 잘못 탄 것 같아요.
jal-mot tan gŏt gat-a-yo.

Creo que me subí al tren equivocado.

12 반대 방향으로 가는 것 같아요.
ban-dae bang-hyang ŭ-ro ga-nŭn gŏt gat-a-yo.

Creo que va en la dirección opuesta.

13 어느 쪽으로 내리나요?
ŏ-nŭ jjog ŭ-ro nae-ri-na-yo?

¿Hacia dónde me dirijo?

14 출구가 어디죠?
chul-gu ga ŏ-di-jyo?

¿Dónde está la salida?

15 몇 번 출구로 나가야 하나요?
myŏt bŏn chul-gu-ro na-ga-ya ha-na-yo?

¿Qué número de salida debo bajar?

16 몇 정거장 가야 하나요?
myŏt jŏng-gŏ-jang ga-ya ha-na-yo?

¿A cuántas estaciones debo ir?

17 이 방향이 맞나요?
i bang-hyang i mat-na-yo?

¿Es esta la dirección correcta?

18 어디서 내리세요?
ŏ-di-sŏ nae-ri-se-yo?

¿Dónde te bajas?

19 어디서 내려야 하나요?
ŏ-di-sŏ nae-ryŏ-ya ha-na-yo?

¿Dónde debo bajar?

20 여기서 내리면 되나요?
yŏ-gi-sŏ nae-ri-myŏn doe-na-yo?

¿Es esta mi parada?

21 이번/다음 역에서 내리세요.
i-bŏn/da-ŭm yŏg e-sŏ nae-ri-se-yo.

Bájese en esta / próxima estación.

22 환승해야합니다.
hwan-sŭng hae-ya-hap-ni-da.

Necesitas hacer una transferencia.

23 환승 하려면 어디로 가나요?
hwan-sŭng ha-ryŏ-myŏn ŏ-di-ro ga-na-yo?

¿A dónde voy para hacer una transferencia?

24 5호선으로 환승 해야 합니다.
o ho-sŏn ŭ-ro   hwan-sŭng hae-ya hap-ni-da.

Necesita hacer una transferencia a la línea número 5.

25 지하철 카드는 어디에서 사나요?
ji-ha-chŏl ka-dŭ nŭn   ŏ-di-e-sŏ   sa-na-yo?

¿Dónde compro la tarjeta de metro?

26 여기서 타면 되나요?
yŏ-gi-sŏ   ta-myŏn doe-na-yo?

¿Debo tomar (el tren) aquí?

27 줄 서세요.
jul   sŏ-se-yo.

Por favor alinearse.

28 새치기 하지 마세요.
sae-chi-gi   ha-ji ma-se-yo.

No hagas cola, por favor.

29 발을 밟아서 죄송합니다.
bal ŭl   bal-ba-sŏ joe-song-hap-ni-da.

Lamento haber pisado tu pie.

30 발을 밟지 마세요.
bal-ŭl bal-jji ma-se-yo.

Por favor no pises (mi) pie.

31 자리 좀 만들어 주세요.
ja-ri   jom   man-dŭl-ŏ ju-se-yo.

Haz espacio, por favor.

32 다리를 너무 벌리지 마세요.
da-ri rŭl   nŏ-mu   bŏl-li-ji   ma-se-yo.

No extiendas demasiado las piernas.

33 여성 전용 칸 입니다.
yŏ-sŏng jŏn-yong kan ip-ni-da.

Es un auto "solo para mujeres".

34 노약자석입니다.
no-yak-ja sŏg ip-ni-da.

Es un asiento para ancianos y discapacitados.

35 여기 앉으세요.
yŏ-gi   an-zŭ-se-yo.

Por favor, siéntate aquí.

36 저는 서서 가도 됩니다.
jŏ nŭn sŏ-sŏ   ga-do doep-ni-da.

No me importa estar de pie.

37 양보해 주셔서 감사합니다.
yang-bo hae ju-shŏ-sŏ gam-sa-hap-ni-da.

Gracias por ofrecer / ceder.

38 물론이죠.
mul-lo-ni-jyo.

Por supuesto.

39 다리가 많이 아파요.
da-ri ga man-i a-pa-yo.

Me duelen mucho las piernas.

40 손잡이를 잡으세요.
son-jab-i rŭl jab-ŭ-se-yo.

Agarra el mango.

41 카드 좀 충전 해주세요.
ka-dŭ jom chung-jŏn hae-ju-se-yo.

Recargue mi tarjeta.

42 카드 충전 되나요?
ka-dŭ chung-jŏn doe-na-yo?

¿Puedo recargar mi tarjeta?

43 어디서 갈아타야 하나요?
ŏ-di-sŏ gal-a-ta-ya ha-na-yo?

¿Dónde puedo hacer una transferencia?

44 시청에서 갈아타세요.
shi-chŏng e-sŏ gal-a-ta-se-yo.

Haz un traslado en el Ayuntamiento.

45 매표소가 어디죠?
mae-pyo-so ga ŏ-di-jyo?

¿Dónde está la taquilla?

46 공항까지 가는데 얼마죠?
gong-hang gga-ji ga-nŭn-de ŏl-ma-jyo?

¿Cuánto cuesta llegar al aeropuerto?

47 몇시가 막차인가요?
myŏ-sshi ga mak-cha in-ga-yo?

¿A qué hora es el último tren?

48 반대 방향으로 건널 수 있나요?
ban-dae bang-hyang ŭ-ro gŏn-nŏl su it-na-yo?

¿Puedo cruzar al lado opuesto?

49 얼마나 충전 해 드릴까요?
ŏl-ma-na chung-jŏn hae dŭ-ril-gga-yo?

¿Cuánto quieres recargar?

50 만원 어치 충전 해주세요.
ma-nwŏn ŏ-chi chung-jŏn hae-ju-se-yo.

Recarga el valor de 10,000 won, por favor.

51 이번/다음 역은 여의도역 입니다.
i-bŏn / da-ŭm yŏg ŭn   yŏ-ŭi-do yŏg ip-ni-da.

Esta / Siguiente estación es la estación de Yeouido.

52 열차가 들어오고 있습니다.
yŏl-cha ga dŭl-ŏ-o-go it-ssŭp-ni-da.

El tren se acerca.

53 여기서 가장 가까운 역은 어디죠?
yŏ-gi-sŏ ga-jang ga-gga-un yŏg ŭn   ŏ-di-jyo?

¿Dónde está la estación más cercana desde aquí?

54 이 근처에 지하철역이 있나요?
i gŭn-chŏ e ji-ha-chŏl yŏg i   it-na-yo?

¿Hay una estación de metro cerca de aquí?

55 학생/노인 요금은 얼마죠?
hak-saeng/no-in yo-gŭm ŭn ŏl-ma-jyo?

¿Cuánto cuesta la tarifa para un estudiante / jubilado?

56 갈아 타야 하나요?
gal-a ta-ya   ha-na-yo?

¿Tengo que hacer una transferencia?

57 일회용/하루용/일주일용 카드가 있나요?
il-hoe-yong/ha-ru-yong/il-ju-il-lyong ka-dŭ ga   it-na-yo?

¿Tiene una tarjeta única / diaria / semanal?

58 다음 열차는 몇시에 도착하나요?
da-ŭm yŏl-cha nŭn myŏ-sshi e do-chak-ha-na-yo?

¿A qué hora llega el próximo tren?

59 급행 열차입니다.
gŭp-haeng yŏl-cha ip-ni-da.

Es un tren expreso.

60 이 열차는 역마다 정차하나요?
i yŏl-cha nŭn yŏg-ma-da jŏng-cha-ha-na-yo?

¿Se detiene este tren en cada estación?

61 김포까지 멈추지 않고 갑니다.
gim-po gga-ji mŏm-chu-ji an-ko gap-ni-da.

Se dirige a Gimpo sin parar.

62 열차가 왜 이렇게 늦죠?
yŏl-cha ga oe i-rŏt-ke nŭt-jyo?

¿Por qué el tren es tan tarde?

63 열차가 곧 출발합니다.
yŏl-cha ga got chul-bal hap-ni-da.

El tren parte pronto.

64 이번 역에서 10분간 정차합니다.
i-bŏn yŏg e-sŏ   ship-bun-gan jŏng-cha-hap-ni-da.

Nos detendremos durante 10 minutos en esta estación.

65 분실물 센터는 어디인가요?
bun-shil-mul sen-tŏ nŭn ŏ-di-in-ga-yo?

¿Dónde está el "centro de objetos perdidos"?

66 역무원을 불러주세요.
yŏg-mu-wŏn ŭl bul-lŏ-ju-se-yo.

Por favor llame al personal de una estación por mí.

67 역무원은 어디 있나요?
yŏg-mu-wŏn ŭn ŏ-di it-na-yo?

¿Dónde está el personal de una estación?

Capítulo 11. En el Hotel

01 로비는 어디죠?
lo-bi nŭn ŏ-di-jyo?

¿Dónde está el vestíbulo?

02 프론트 데스크는 어디인가요?
pŭ-ron-tŭ de-sŭ-kŭ nŭn ŏ-di-n-ga-yo?

¿Dónde está la recepción?

03 체크인은 어디에서 하나요?
he-kŭ-in ŭn ŏ-di e-sŏ ha-na-yo?

¿Dónde me registro?

04 짐을 들어드릴까요?
jim-ŭl dŭl-ŏ-dŭ-ril-gga-yo?

¿Necesitas ayuda con tu equipaje?

05 트렁크에서 짐을 내려주세요.
tŭ-rŏn-kŭ e-sŏ jim ŭl nae-ryŏ-ju-se-yo.

Descargue las bolsas del maletero.

06 주차는 어디에 하나요?
ju-cha nŭn ŏ-di e ha-na-yo?

¿Dónde me estaciono?

07 발렛 파킹을 하고 싶은데요.
bal-let-pa-king ŭl ha-go ship-ŭn-de-yo.

Me gustaría utilizar el servicio de aparcacoches / servicios.

08 투숙객 입니다.
tu-suk-gaek ip-ni-da.

Soy un huésped alojado.

09 체크인을 하려고 합니다.
che-kŭ-in-ŭl ha-ryŏ-go hap-ni-da.

Me gustaría registrarme.

10	예약을 했어요. ye-yag ŭl hae-ssŏ-yo.	Hice una reserva.
11	예약 번호를 알려주시겠어요? ye-yak bŏn-ho rŭl al-lyŏ-ju-shi-get-ssŏ-yo?	¿Me podría decir el número de reserva?
12	예약 번호는 12345입니다. ye-yak bŏn-ho nŭn il-i-sam-sa-o ip-ni-da.	El número de reserva es 12345.
13	예약 번호가 생각이 안나네요. ye-yak bŏn-ho ga saeng-gag i an-na-ne-yo.	No recuerdo el número de reserva.
14	대신, 이름을 알려드려도될까요? dae-shin, i-rŭm ŭl al-lyŏ-dŭ-ryŏ-do doel-gga-yo?	¿Puedo decirte el nombre en su lugar?
15	여권을 보여주세요. yŏ-ggwon ŭl bo-yŏ-ju-se-yo.	Por favor, muéstrame el pasaporte.
16	신용카드가 필요합니다. shin-yong-ka-dŭ ga pil-yo-hap-ni-da.	Necesito tu tarjeta de crédito.
17	예치금을 내야 합니다. ye-chi-gŭm ŭl nae-ya hap-ni-da.	Tienes que pagar un depósito.
18	현금으로 계산할게요. hyŏn-gŭm ŭ-ro gye-san hal-gge-yo.	Pagaré en efectivo.
19	체크아웃 할 때 신용카드로 낼게요. che-kŭ-a-ut hal ttae shin-yong-ka-dŭ ro nael-gge-yo.	Pagaré con una tarjeta de crédito cuando salga.
20	짐이 많아요. jim i man-a-yo.	Tengo mucho equipaje.
21	예약이 확인되지 않습니다. ye-yag i hwag-in doe-ji an-sŭp-ni-da.	No puedo encontrar la reserva.
22	예약이 없나요? ye-yag i ŏp-na-yo?	¿No tienes la reserva?

23 다른 이름으로 찾아봐주세요.
da-rŭn i-rŭm ŭ-ro cha-ja-bwa-ju-se-yo.

¿Podría buscarlo con un nombre diferente?

24 어느 날짜로 예약하셨죠?
ŏ-nŭ nal-jja ro ye-yak ha-shŏt-jyo?

¿Para qué fecha hizo la reserva?

25 여행사를 통해서 예약하셨나요?
yŏ-haeng-sa rŭl tong-hae-sŏ ye-yak ha-shŏt-na-yo?

¿Hiciste la reserva a través de una agencia de viajes?

26 예약하신 신용카드를 주세요.
ye-yak-ha-shin shin-yong-ka-dŭ rŭl ju-se-yo.

¿Puede darme la tarjeta de crédito con la que realizó la reserva?

27 인터넷으로 예약하셨나요?
in-tŏ-ne su-ro ye-yak ha-shŏt-na-yo?

¿Hizo la reserva a través de Internet?

28 멤버쉽이 있으신가요?
mem-bŏ-shib i i-ssŭ-shin-ga-yo?

¿Tienes membresía?

29 멤버쉽 카드 여기 있습니다.
mem-bŏ-ship ka-dŭ yŏ-gi it-ssŭp-ni-da.

Aquí está la tarjeta de membresía.

30 업그레이드 가능한가요?
ŏp-gŭ-re-i-dŭ ga-nŭng-han-ga-yo?

¿Es posible una actualización?

31 오늘은 만실입니다.
o-nŭl ŭn man-shil ip-ni-da.

Estamos completamente reservados hoy.

32 업그레이드 가능합니다.
ŏp-gŭ-re-i-dŭ ga-nŭng-hap-ni-da.

La actualización es posible.

33 체크아웃은 몇시인가요?
che-kŭ-a-u sŭn myŏ-sshi in-ga-yo?

¿A qué hora es el check out?

34 조금 늦게 체크아웃 해도 되나요?
jo-gŭm nŭt-ge che-kŭ-a-ut hae-do doe-na-yo?

¿Puedo salir un poco tarde?

35 몇시까지 체크아웃 할 수 있나요?
myŏ-sshi gga-ji che-kŭ-a-ut hal su it-na-yo?

¿Qué es lo último que puedo consultar?

36 두 명이 투숙합니다.
du-myŏng i tu-suk-hap-ni-da.

Se alojarán 2 personas.

37 한 명 더 투숙합니다.
han-myŏng dŏ tu-suk-hap-ni-da.

Se quedará 1 persona más.

38 추가 요금이 있나요?
chu-ga yo-gŭm i   it-na-yo?

¿Hay un cargo adicional?

39 추가 요금이 있습니다.
chu-ga yo-gŭm i   it-ssŭp-ni-da.

Hay un cargo adicional.

40 엘레베이터는 어디인가요?
el-le-be-i-tŏ   nŭn   ŏ-di-in-ga-yo?

¿Dónde está el ascensor?

41 방까지 어떻게 가죠?
bang gga-ji ŏ-ttŏ-ke   ga-jyo?

¿Cómo llego a la habitación?

42 짐을 먼저 방에 넣어 주세요.
jim ŭl mŏn-jŏ bang e   nŏ-ŏ ju-se-yo.

Por favor, ponga el equipaje en la habitación primero.

43 팁은 받지 않습니다.
tib ŭn bat-ji   an-ssŭp-ni-da.

No aceptamos propinas.

44 예약을 하고 싶습니다.
ye-yag ŭl   ha-go ship-sŭp-ni-da.

Me gustaría hacer una reserva.

45 싱글/더블 베드로 주세요.
sing-gŭl/dŏ-bŭl be-dŭ   ro hae ju-se-yo.

Dame una cama individual / doble, por favor.

46 아이가 있습니다.
a-i   ga   it-ssŭp-ni-da.

Tengo un hijo.

47 몇 명이세요?
myŏt myŏng i-se-yo?

¿Cuántas personas hay?

48 한명/두명/세명 입니다.
han-myŏng/du-myŏng/se-myŏng ip-ni-da.

Es 1/2/ 3 persona / personas.

49 연결된 방이 있나요?
yŏn-gyŏl-doen bang i it-na-yo?

¿Tiene habitaciones comunicadas / contiguas?

50 뷰가 좋은 방을 부탁드립니다.
byu ga jo-ŭn bang ŭl bu-tak-dŭ-rip-ni-da.
Por favor, dame una habitación con una bonita vista.

51 주차장은 어디죠?
ju-cha-jang ŭn ŏ-di-jyo?
¿Dónde está el estacionamiento?

52 얼마나 머무실 예정이세요?
ŏl-ma-na mŏ-mu-shil ye-jŏng-i-se-yo?
¿Cuánto tiempo planeas quedarte?

53 2박 3일이요.
i-bak sam-il i-yo.
3 días y 2 noches.

54 예치금이 얼마죠?
ye-chi-gŭm i ŏl-ma-jyo?
¿Cuánto es el depósito?

55 어떻게 결제하시겠어요?
ŏ-ttŏ-ke gyŏl-je ha-shi-get-ssŏ-yo?
¿Cómo le gustaría hacer un pago?

56 체크인은 몇시죠?
che-kŭ-in ŭn myŏ-sshi-jyo?
¿A qué hora es el check in?

57 방이 아직 준비되지 않았습니다.
bang i a-jik jun-bi doe-ji an-a-ssŭp-ni-da.
La sala aún no está lista.

58 방이 준비되면 연락주세요.
bang i jun-bi doe-myŏn yŏl-lak-ju-se-yo.
Por favor llámame cuando la habitación esté lista.

59 방이 준비되었습니다.
bang i jun-bi doe-ŏ-ssŭp-ni-da.
La sala está lista.

60 여기 룸키입니다.
yŏ-gi rum-ki ip-ni-da.
Aquí está la llave de la habitación.

61 룸키 하나 더 주세요.
rum-ki ha-na dŏ ju-se-yo.
Dame una llave de habitación más, por favor.

62 방 번호는 100 입니다.
bang bŏn-ho nŭn baek ip-ni-da.
El número de habitación es 100

63 제 방은 몇 층인가요?
je bang ŭn myŏt chŭng in-ga-yo?
¿Qué piso es mi cuarto?

64 방까지 안내 해주세요.
bang gga-ji an-nae hae-ju-se-yo.
Por favor guíame a la habitación.

65 짐을 여기에 맡겨도 되나요?
jim-ŭl yŏ-gi e   mat-gyŏ-do doe-na-yo?
¿Puedo dejar el equipaje aquí?

66 성이 어떻게 되시죠?
sŏng i   ŏ-ttŏ-ke doe-shi-jyo?
¿Cuál es el apellido?

67 성함 스펠링을 알려주세요.
sŏng-ham sŭ-pel-ling ŭl al-lyŏ-ju-se-yo.
¿Podría decirme la ortografía del nombre?

68 체크아웃 하겠습니다.
che-kŭ-a-ut ha-get-ssŭp-ni-da.
Voy a echar un vistazo.

69 불편한 건 없으셨나요?
bul-pyŏn-han gŏn ŏp-ssŭ-shŏt-na-yo?
¿Estuvo todo bien con su estadía?

70 편안한 숙박 되셨나요?
pyŏn-an-han suk-bak doe-shŏt-na-yo?
¿Estuvo todo bien con su estadía?

71 방에 지갑을/여권을 놓고 왔어요.
bang e ji-gab ŭl/yŏ-ggwŏn ŭl no-ko wa-ssŏ-yo.
Dejé la billetera / pasaporte en la habitación.

72 룸서비스 입니다.
rum-sŏ-bi-sŭ   ip-ni-da.
Es el servicio de habitaciones.

73 식사를 주문하고 싶은데요.
shik-sa rŭl ju-mun ha-go ship-ŭn-de-yo.
Me gustaría pedir una comida.

74 몇시까지 주문 가능한가요?
myŏ-sshi gga-ji ju-mun ga-nŭng-han-ga-yo?
¿Qué es lo último que puedo pedir?

75 룸 차지로 해주세요.
rum cha-ji ro   hae-ju-se-yo.
Cárgalo a mi habitación, por favor.

76 서명 부탁드립니다.
sŏ-myŏng bu-tak-dŭ-rip-ni-da.
¿Puedo obtener su firma, por favor?

77 얼음을 더 갖다주세요.
ŏl-ŭm ŭl dŏ gat-da-ju-se-yo.
Tráeme más hielo, por favor.

78 얼음은 어디에 있나요?
ŏl-ŭm ŭn ŏ-di e it-na-yo?
¿Dónde está el hielo?

79 부엌이 있나요?
bu-ŏk i it-na-yo?
¿Hay una cocina?

80 취사해도 되나요?
chwi-sa hae-do doe-na-yo?
¿Puedo cocinar?

81 지배인을 불러주세요.
ji-bae-in ŭl bul-lŏ-ju-se-yo.
Consígueme el gerente, por favor.

82 시트를 교체해 주세요.
shi-tŭ rŭl gyo-che hae ju-se-yo.
Cambie las sábanas.

83 방 청소를 해 주세요.
bang chŏng-so rŭl hae-ju-se-yo.
Por favor, limpie / arregle la habitación.

84 청소가 안 되어 있어요.
chŏng-so ga an doe-ŏ i-ssŏ-yo.
No ha sido limpiado / inventado.

85 예약을 안 했는데, 방 있나요?
ye-yag ŭl an haet-nŭn-de, bang it-na-yo?
No hice una reserva, pero ¿tiene una habitación?

86 더 저렴한 방은 없나요?
dŏ jŏ-ryŏm-han bang ŭn ŏp-na-yo?
¿No tienes una habitación más barata?

87 방을 볼 수 있나요?
bang ŭl bol su it-na-yo?
¿Puedo ver la habitación?

88 조식이 포함되어 있나요?
jo-shig i po-ham doe-ŏ it-na-yo?
¿Está incluido el desayuno?

89 에어컨이 고장 났습니다.
e-ŏ-kŏn i go-jang na-ssŭp-ni-da.
El aire acondicionado no funciona.

90 베개가 없습니다.
be-gae ga ŏp-ssŭp-ni-da.
No hay almohada.

91 더운 물이 안 나와요.
dŏ-un mul i an na-wa-yo.
No hay agua caliente.

92 7시에 깨워주세요.
il-gop shi e ggae-wŏ-ju-se-yo.

Por favor, despiértame a las 7 en punto.

93 짐을 잠시 보관 해주세요.
jim ŭl jam-shi bo-gwan hae-ju-se-yo.

Por favor sostenga el equipaje por un momento.

94 룸키를 잃어버렸어요.
rum-ki rŭl il-ŏ-bŏ-ryŏ-ssŏ-yo.

Perdí la llave de la habitación.

95 시내 지도 있나요?
shi-nae ji-do it-na-yo?

¿Tienes un mapa de la ciudad?

96 하루 더 있겠습니다.
ha-ru dŏ it-get-ssŭp-ni-da.

Me gustaría quedarme aquí un día más.

97 하루 더 묵을 수 있나요?
ha-ru dŏ mug-ŭl su it-na-yo?

¿Puedo quedarme un día más?

98 택시를 불러 주세요.
tek-shi rŭl bul-lŏ ju-se-yo.

Por favor llame a un taxi por mí.

Capítulo 12. Direcciones

01 길을 잃었어요.
gil ŭl il-ŏ-ssŏ-yo.

Estoy perdido.

02 길을 잃은 것 같아요.
gil ŭl il-ŭn gŏt gat-a-yo.

Creo que estoy perdido.

03 여기가 어디죠?
yŏ-gi ga ŏ-di-jyo?

¿Dónde estoy?

04 제가 지금 어디에 있죠?
je ga ji-gŭm ŏ-di e it-jyo?

¿Dónde estoy ahora?

05 실례합니다. 길 좀 여쭤볼게요.
shil-lye-hap-ni-da. gil jom yŏ-jjwŏ-bol-gge-yo.

Perdón, déjame preguntarte algunas direcciones.

06 길 좀 알려주시겠어요?
gil jom al-lyŏ-ju-shi-get-ssŏ-yo?

¿Podría por favor decirme las instrucciones?

07 홍대까지 어떻게 가나요?
hong-dae gga-ji ŏ-ttŏ-ke ga-na-yo?

¿Cómo llego a Hongdae?

08 거리 이름이 뭐죠?
gŏ-ri i-rŭm i mwŏ-jyo?

¿Cómo se llama la calle?

09 이/저 빌딩 이름이 뭐죠?
i / jŏ bil-ding i-rŭm i mwŏ-jyo?

¿Cómo se llama este / aquel edificio?

10 걸어서 갈 수 있나요?
gŏl-ŏ-sŏ gal su it-na-yo?
¿Puedo ir caminando?

11 걸어서 얼마나 걸릴까요?
gŏl-ŏ-sŏ ŏl-ma-na gŏl-lil-gga-yo?
¿Cuánto tiempo llevaría caminar?

12 20분/한시간 정도 걸립니다.
i-ship bun/han shi-gan jŏng-do gŏl-lip-ni-da.
Tarda unos 20 minutos / 1 hora (s).

13 걸어서 가기에는 너무 멀어요.
gŏl-ŏ-sŏ ga-gi-e nŭn nŏ-mu mŏl-ŏ-yo.
Está demasiado lejos para caminar hasta allí.

14 가까운 거리예요.
ga-gga-un gŏ-ri ye-yo.
Es una distancia cercana / cercana.

15 아주 가까워요/멀어요.
a-ju ga-gga-wŏ-yo / mŏl-ŏ-yo.
Está muy cerca / lejos.

16 직진하세요.
jik-jin ha-se-yo.
Sigue recto.

17 이쪽으로 쭉 가세요.
i jjok ŭ-ro jjuk ga-se-yo.
Sigue así.

18 이 방향으로 계속 가세요.
i bang-hyang ŭ-ro gye-sok ga-se-yo.
Continúa yendo en esta dirección.

19 이쪽으로/저쪽으로 가야 하나요?
i jjog ŭ-ro / jŏ jjog ŭ-ro ga-ya ha-na-yo?
¿Debo ir de esta manera / de esa manera?

20 세블럭 후 왼쪽/오른쪽입니다.
se-bŭl-lŏk hu oen-jjog/o-rŭn-jjog ip-ni-da.
Después de 3 bloques, está a la izquierda / derecha.

21 지하철 말고 다른 방법은 없나요?
ji-ha-chŏl mal-go da-rŭn bang-bŏb ŭn ŏp-na-yo?
¿No hay otra manera además del metro?

22 근처에 화장실이 있나요?
gŭn-chŏ-e hwa-jang-shil i it-na-yo?
¿Hay un baño cerca?

23 홍대가는 법 좀 알려주세요.
hong-dae ga-nŭn bŏp jom al-lyŏ-ju-se-yo.
Por favor, dime cómo llegar a Hongdae.

24 홍대까지 가는 길을 알고 싶어요.
hong-dae gga-ji ga-nŭn gil ŭl al-go ship-ŏ-yo.
Me gustaría saber las instrucciones para llegar a Hongdae.

25 왼쪽으로/오른쪽으로 가세요.
oen-jjog ŭ-ro/o-rŭn-jjog ŭ-ro ga-se-yo.
Ir (a) izquierda / derecha.

26 이쪽입니다/저쪽입니다.
i jjog ip-ni-da / jŏ jjog ip-ni-da.
Es de esta manera / de esa manera.

27 바로 근처예요.
ba-ro gŭn-chŏ-ye-yo.
Está cerca.

28 여기/저기 있네요.
yŏ-gi / jŏ-gi it-ne-yo.
Aquí / allá está.

29 길을 따라 내려가세요.
gil ŭl tta-ra nae-ryŏ-ga-se-yo.
Baja por el camino.

30 우체국 지나서 있어요.
u-che-gug ji-na-sŏ i-ssŏ-yo.
Ya pasó la oficina de correos.

31 도와주셔서 감사합니다.
do-wa-ju-shŏ-sŏ gam-sa-hap-ni-da.
Agradezco tu ayuda.

32 첫째/둘째 골목으로 들어가세요.
chŏt-jjae/dul-jjae gol-mog ŭ-ro dŭl-ŏ-ga-se-yo.
Entra en el primer / segundo callejón.

33 우체국 맞은편에 있어요.
u-che-guk ma-zŭn-pyŏn e i-ssŏ-yo.
Está enfrente de la oficina de correos.

34 우체국 바로 뒤에 있어요.
u-che-guk ba-ro dwi-e i-ssŏ-yo.
Está justo detrás de la oficina de correos.

35 우체국 바로 옆에 있어요.
u-che-guk ba-ro yŏp-e i-ssŏ-yo.
Está justo al lado de la oficina de correos.

36 세모 빌딩 3층입니다.
se-mo bil-ding sam chŭng ip-ni-da.
Es el piso 3, edificio Semo.

37 저도 모르겠어요.
jŏ do mo-rŭ-get-ssŏ-yo.
Yo tampoco lo sé.

38 저 분/이 분에게 물어보세요.
jŏ bun / i bun e-ge mul-ŏ-bo-se-yo.
Pregúntale a ese / este caballero / dama.

39 정확하지는 않아요.
jŏng-hwak-ha-ji-nŭn an-a-yo.
No es exacto / exacto.

40 저도 그 방향으로 갑니다.
jŏ do gŭ bang-hyang ŭ-ro gap-ni-da.
Yo también voy en esa dirección.

41 혹시 이 주소를 아시나요?
hok-shi i ju-so rŭl a-shi-na-yo?
¿Conoces esta dirección, por casualidad?

42 혹시 이 건물이 어디있는지 아시나요?
hok-shi i gŏn-mul i ŏ-di-in-nŭn-ji a-shi-na-yo?
¿Sabes dónde está este edificio, por casualidad?

43 제가 맞게 찾아왔나요?
je ga mat-ge cha-ja-wat-na-yo?
¿Vine al lugar correcto?

44 초행이라 잘 모르겠어요.
cho-haeng i-ra jal mo-rŭ-get-ssŏ-yo.
No estoy muy seguro porque es mi primera vez (viniendo aquí)

45 제가 안내해 드릴게요.
je ga an-nae hae dŭ-ril-gge-yo.
Te guiaré.

46 바로 찾으실 거예요.
ba-ro cha-zŭ-shil gŏ-ye-yo.
Lo encontrarás de inmediato.

47 A와 B사이에 있습니다.
A-wa B-sa-i-e it-ssŭp-ni-da.
Está entre A y B.

48 저를 따라오세요.
jŏ rŭl tta-ra-o-se-yo.
Por favor sígueme.

49 한번 더 설명 해주세요.
han-bŏn dŏ sŏl-myŏng hae-ju-se-yo.
Por favor, explícamelo una vez más.

50 병원을 찾고 있습니다.
byŏng-wŏn ŭl chat-go it-ssŭp-ni-da.
Estoy buscando un hospital.

51 약도를 그려 주시겠어요?
yak-do rŭl gŭ-ryŏ ju-shi-get-ssŏ-yo?

¿Podría dibujar un mapa aproximado, por favor?

52 이 지도에서 현재 위치가 어디인가요?
i ji-do-e-sŏ hyŏn-jae wi-chi ga ŏ-di-in-ga-yo?

¿Dónde está la ubicación actual de este mapa?

53 블록을 끼고 우회전/좌회전 하세요.
bŭl-log ŭl ggi-go u-hoe-jŏn / jwa-hoe-jŏn ha-se-yo.

Gire a la derecha / izquierda en el bloque.

54 약도를 그려드릴게요.
yak-do rŭl gŭ-ryŏ dŭ-ril-gge-yo.

Dibujaré un mapa aproximado para ti.

55 방금 지나친 것 같아요.
bang-gŭm ji-na-chin gŏt gat-a-yo.

Creo que lo acabamos de pasar.

56 조금 더 가야해요.
jo-gŭm dŏ ga-ya-hae-yo.

Tenemos que ir un poco más.

57 여기 지리를 잘 아시나요?
yŏ-gi ji-ri rŭl jal a-shi-na-yo?

¿Estás familiarizado con esta área?

58 지름길이 있나요?
ji-rŭm-gil i it-na-yo?

¿Hay un atajo?

59 어느 쪽 인가요?
ŏ-nŭ jjok in-ga-yo?

¿Por dónde se va?

01 건강은 어떠세요?
gŏn-gang ŭn jom ŏ-ttŏ-se-yo?

¿Cómo te sientes?

02 몸은 나아졌어요?
mom ŭn na-a-jyŏ-ssŏ-yo?

¿Te sientes mejor?

03 건강이 별로 안 좋아요.
gŏn-gang i byŏl-lo an jo-a-yo.

No me siento bien.

04 몸이 안 좋아요.
mom i an-jo-a-yo.

No me siento bien.

05 컨디션이 좋아요.
kŏn-di-shŏn i jo-a-yo.

Me esoy sientiendo bien.

06 별로 아프지 않아요.
byŏl-lo a-pŭ-ji an-a-yo.

No estoy tan enfermo.

07 잘 아프지 않아요.
jal a-pŭ-ji an-a-yo.

Raramente me enfermo.

08 아파서 누워 있어요.
a-pa-sŏ nu-wŏ-i-ssŏ-yo.

Estoy acostado (en la cama) porque estoy enfermo.

09 몸이 다 아파요.
mom i da a-pa-yo.

Tengo dolor en todo (mi) cuerpo.

10 배가 아파요.
bae ga a-pa-yo.
Tengo dolor de estómago.

11 열이 있어요.
yŏl i i-ssŏ-yo.
Tengo fiebre.

12 생리통이 있어요.
saeng-ni-tong i i-ssŏ-yo.
Tengo dolor menstrual.

13 독감이 유행이에요.
dok-gam i yu-haeng-i-e-yo.
Hay una gripe alrededor.

14 감기 조심하세요.
gam-gi jo-shim-ha-se-yo.
Tenga cuidado de no resfriarse.

15 감기 걸린 것 같아요.
gam-gi gŏl-lin gŏt gat-a-yo.
Creo que me resfrié.

16 감기든 목소리네요.
gam-gi-dŭn mok-so-ri ne-yo.
Suenas como si estuvieras resfriado.

17 기침을 많이 해요.
gi-chim ŭl man-i hae-yo.
Toso mucho.

18 머리가 아파요.
mŏ-ri ga a-pa-yo.
Me duele la cabeza.

19 콧물이 나요.
kot-mul i na-yo.
Tengo secreción nasal.

20 팔이/다리가 부러졌어요.
pal i / da-ri ga bu-rŏ-jyŏ-ssŏ-yo.
(Mi) brazo / pierna está roto.

21 여드름이 났어요.
yŏ-dŭ-rŭm i na-ssŏ-yo.
Tengo acné.

22 부상당했어요.
bu-sang dang-hae-ssŏ-yo.
Estoy herido.

23 온몸이 멍 들었어요.
on mom i mŏng dŭl-ŏ-ssŏ-yo.

Estoy magullado por todo (mi) cuerpo.

24 다 나았어요.
da na-a-ssŏ-yo.

Estoy mejor ahora. / Ya no estoy enfermo.

25 하나도 안 아파요.
ha-na-do an a-pa-yo.

No estoy enfermo / herido en absoluto.

26 갈비뼈가 부러졌어요.
gal-bi-bbyŏ ga bu-rŏ-jyŏ-ssŏ-yo.

Me fracturé una costilla.

27 넘어졌어요.
nŏm-ŏ-jyŏ-ssŏ-yo.

Me caí.

28 미끄러졌어요.
mi-ggŭ-rŏ-jyŏ-ssŏ-yo.

Me resbalé (y me caí).

29 완전히 지쳤어요.
wan-jŏn-hi ji-chyŏ-ssŏ-yo.

Estoy completamente exhausto.

30 건강해 보여요!
gŏn-gang-hae bo-yŏ-yo!

¡Te ves saludable!

31 안색이 안 좋아보여요.
an-saeg i an jo-a-bo-yŏ-yo.

(Tu) tez no se ve bien.

32 발진이 났어요.
bal-jin i na-ssŏ-yo.

Tengo una erupción.

33 목이 뻐근해요.
mog i bbŏ-gŭn-hae-yo.

(Mi) cuello está rígido.

34 계속 재채기가 나요.
gye-sok jae-chae-gi ga na-yo.

No puedo dejar de estornudar.

35 입술이 텄어요.
ip-sul i tŏ-ssŏ-yo.

(Mis) labios están agrietados.

36 좋아지고 있어요.
jo-a-ji-go   i-ssŏ-yo.
(Estoy) mejorando.

37 좀 쉬세요.
jom shwi-se-yo.
Descansa un poco.

38 과로하지 마세요!
gwa-ro ha-ji ma-se-yo!
No te excedas.

39 병원에 가보세요.
byŏng-wŏn e ga-bo-se-yo.
Deberías ir al hospital.

40 그 정도는 아니에요.
gŭ jŏng-do nŭn a-ni-e-yo.
No es tan malo.

41 몸조리 잘 하세요.
mom-jo-ri jal ha-se-yo.
Cuídate bien.

42 쾌유를 빕니다.
kwae-yu rŭl bip-ni-da.
Espero tu recuperación completa.

43 너무 피곤해요.
nŏ-mu pi-gon-hae-yo.
Estoy demasiado cansado.

Hospital

01 근처에 병원이 있나요?
gŭn-chŏ-e byŏng-wŏn i it-na-yo?
¿Hay un hospital cerca?

02 병원에 좀 데려다 주세요.
byŏng-wŏn e jom de-ryŏ-da ju-se-yo.
Por favor llévame a un hospital.

03 제가 병원에 데려다 드릴게요.
je ga byŏng-wŏn e de-ryŏ-da dŭ-ril-gge-yo.
Te llevaré a un hospital.

04 구급차를 불러주세요.
gu-gŭp-cha rŭl bul-lŏ ju-se-yo.
Por favor llame a una ambulancia.

05 의사를 불러주세요.
ŭi-sa rŭl bul-lŏ ju-se-yo.

Por favor llame a un médico.

06 응급상황입니다.
ŭng-gŭp sang-hwang ip-ni-da.

Es una situación de emergencia.

07 안색이 좋지 않아요.
an-saeg i jot-chi an-a-yo.

No te ves muy bien.

08 몸에 기운이 하나도 없습니다.
mom e gi-un i ha-na-do ŏp-sŭp-ni-da.

Me siento muy débil.

09 어디가 아파서 오셨나요?
ŏ-di ga a-pa-sŏ o-shŏt-na-yo?

¿Qué te trajo aquí?

10 환자분 성함이 어떻게 되세요?
hwan-ja-bun sŏng-ham i ŏ-ttŏ-ke doe-se-yo?

¿Cómo se llama el paciente?

11 의료보험이 있나요?
ŭi-ryo bo-hŏm i it-na-yo?

¿Tiene seguro médico?

12 접수를 도와드리겠습니다.
jŏp-su rŭl do-wa-dŭ-ri-get-sŭp-ni-da.

Te ayudaré con el registro.

13 의사선생님이 곧 오실거예요.
ŭi-sa-sŏn-saeng-nim i got o-shil-gŏ-ye-yo.

El doctor vendrá pronto.

14 복용중인 약이 있나요?
bog-yong jung-in yag i it-na-yo?

¿Estás tomando algún medicamento?

15 알러지가 있나요?
al-lŏ-ji ga it-na-yo?

¿Tienes alergias?

16 지병이 있나요?
ji-byŏng i it-na-yo?

¿Tiene condiciones preexistentes (enfermedades)?

17 입을 벌려보세요.
ib ŭl bŏl-lyŏ-bo-se-yo.

Abre tu boca, por favor.

18 아 해보세요.
a hae-bo-se-yo.

Di "Ah".

19 숨을 크게 쉬어보세요.
sum ŭl kŭ-ge shwi-ŏ-bo-se-yo.

Respira hondo.

20 체온을 재볼게요.
che-on ŭl jae-bol-gge-yo.

Mediré (tu) temperatura corporal.

21 주사를 맞아야 겠습니다.
ju-sa rŭl ma-ja-ya get-sŭp-ni-da.

Necesita recibir una inyección (inyección).

22 주사를 놔드릴게요.
ju-sa rŭl nwa-dŭ-ril-gge-yo.

Voy a inyectarte, darte una oportunidad.

23 조금 따끔합니다.
jo-gŭm tta-ggŭm-hap-ni-da.

Pica un poco.

24 지혈해드릴게요.
ji-hyŏl hae-dŭ-ril-gge-yo.

Haré que pare de sangrar.

25 피가 계속 나요.
pi ga gye-sok na-yo.

Sigo sangrando.

26 열이 많이 나네요.
yŏl i   man-i na-ne-yo.

(Usted) tiene mucha fiebre.

27 더 큰 병원으로 가야 합니다.
dŏ kŭn byŏng-wŏn ŭ-ro ga-ya hap-ni-da.

Debes ir a un hospital más grande.

28 심각한 상황입니다.
shim-gak-han sang-hwang ip-ni-da.

Es una situación grave.

29 엑스레이를 찍어봅시다.
ek-sŭ-re-i rŭl jjig-ŏ bop-shi-da.

Tomemos una radiografía.

30 수술을 해야합니다.
su-sul ŭl hae-ya-hap-ni-da.

Necesitas someterte a una cirugía.

31 왜 이렇게 늦게 오셨어요?
wae i-rŏt-ke nŭt-gge o-shŏ-ssŏ-yo?

¿Por qué llegaste tan tarde?

32 큰 일 날 뻔 했습니다.
kŭn il nal bbŏn haet-ssŭp-ni-da.

Pudo haber sido mucho peor.

33 처방전을 드리겠습니다.
chŏ-bang-jŏn ŭl dŭ-ri-get-sŭp-ni-da.

Te daré una receta.

34 약국에서 약을 받아가세요.
yak-gug e-sŏ yag ŭl bad-a-ga-se-yo.

Recoja (sus) medicamentos de la farmacia.

35 상태를 자세히 관찰하세요.
sang-tae rŭl ja-se-hi gwan-chal-ha-se-yo.

Controle (su) condición cuidadosamente.

36 약을 잊지말고 드세요.
yag ŭl it-ji-mal-go dŭ-se-yo.

No olvides tomar los medicamentos.

37 병원에 또 와야하나요?
byŏng-wŏn e tto wa-ya ha-na-yo?

¿Tengo que ir al hospital (consultorio del médico) nuevamente?

38 아니요, 이제 안 오셔도 됩니다.
a-ni-yo, i-je an o-shŏ-do doep-ni-da.

No, no tienes que venir más.

39 입원 하셔야 합니다.
ib-wŏn ha-shŏ-ya hap-ni-da.

Necesitas quedarte en el hospital

40 퇴원 하셔도 됩니다.
toe-wŏn ha-shŏ-do doep-ni-da.

Puedes irte a casa ahora.

41 피검사를 해보는게 좋겠습니다.
pi gŏm-sa rŭl hae-bo-nŭn-ge jo-ket-sŭp-ni-da.

Creo que es mejor hacer un análisis de sangre.

42 다른 불편한 곳은 없으신가요?
da-rŭn bul-pyŏn-han go sŭn ŏp-sŭ-shin-ga-yo?

¿Hay algo más que te esté molestando?

43 어떤 증상이 있죠?
ŏ-ttŏn jŭng-sang i it-jyo?

¿Qué tipo de síntomas tienes?

44 혀를 내밀어 보세요.
hyŏ rŭl nae-mil-ŏ bo-se-yo.

Intenta sacar la lengua.

45 침대에 누워계세요.
chim-dae e nu-wŏ-gye-se-yo.

Quédate acostado en la cama.

46 그만 오셔도 될 것 같습니다.
gŭ-man o-shŏ-do doel gŏt gat-sŭp-ni-da.

No necesitas volver más.

47 물을 많이 드세요.
mul ŭl man-i dŭ-se-yo.

Bebe mucha agua.

48 혈압을 재보겠습니다.
hyŏl-ab ŭl jae-bo-get-sŭp-ni-da.

Mediré (tu) presión arterial.

49 혈압이 높군요.
hyŏl-ab i nop-gun-nyo.

(Su) presión arterial es alta.

50 정상입니다.
jŏng-sang ip-ni-da.

Es normal.

51 눈물이 납니다.
nun-mul i nap-ni-da.

Tengo los ojos llorosos.

52 눈이 너무 건조해요.
nun i   nŏ-mu gŏn-jo-hae-yo.

Mis ojos están muy secos.

53 어지럽습니다.
ŏ-ji-rŏp-sŭp-ni-da.

Me siento mareado.

54 약을 복용 중입니다.
yag ŭl bog-yong jung-ip-ni-da.

Estoy tomando medicamentos ahora.

55 약을 복용하고 있나요?
yag ŭl bog-yong ha-go it-na-yo?

¿Has estado tomando tus medicamentos?

56 발목을 삐었어요.
bal-mog ŭl bbi-ŏ-ssŏ-yo.

Me torcí el tobillo.

Farmacia

01 이 약을 주세요.
i yag ŭl ju-se-yo.

Por favor, dame este medicamento.

02 처방전을 주세요.
chŏ-bang-jŏn-ŭl ju-se-yo.

Por favor, dame la receta.

03 처방전이 있어야 하나요?
chŏ-bang-jŏn i i-ssŏ-ya ha-na-yo?

¿Necesito tener una receta?

04 처방전 없이 살 수 있나요?
chŏ-bang-jŏn ŏp-shi sal su it-na-yo?

¿Puedo comprar sin receta?

05 이게 무슨 약이죠?
i-ge mu-sŭn yag i-jyo?

¿Qué medicamento es este?

06 의사 소견서를 주세요.
ŭi-sa so-gyŏn-sŏ rŭl ju-se-yo.

Por favor, deme la nota del médico.

07 처방약 나왔습니다.
chŏ-bang-yak na-wa-ssŭp-ni-da.

Aquí está su medicamento recetado.

08 하루에 몇 번 먹어야 하나요?
ha-ru-e myŏt bŏn mŏg-ŏ-ya ha-na-yo?

¿Cuántas veces tengo que tomarlo al día?

09 하루에 세 번, 식 후 30분이요.
ha-ru-e   se bŏn, shik hu sam-ship bun-i-yo.

Tres veces al día, 0 minutos después de una comida.

10 규칙적으로 약을 복용하세요.
gyu-chik-jŏg-ŭ-ro yag ŭl bog-yong ha-se-yo.

Tome la medicina regularmente.

11 한 번에 한 알 이상 드시면 안되요.
han bŏn-e han al i-sang dŭ-shi-myŏn an-doe-yo.

No debe tomar más de una píldora a la vez.

12 깊이 베인데 바를 것 있나요?
gip-i be-in-de ba-rŭl gŏt it-na-yo?

¿Hay algo para aplicar donde se corta profundamente?

13 이 연고를 상처에 바르세요.
i yŏn-go rŭl sang-chŏ-e ba-rŭ-se-yo.

Aplique esta crema / pomada sobre el corte.

14 1회용 밴드를 붙이세요.
il-hoe-yong baen-dŭ rŭl bu-chi-se-yo.

Pon esta banda de un solo uso.

15 부작용은 없을까요?
bu-jag-yong ŭn ŏp-ssŭl-gga-yo?

¿Habrá efectos secundarios?

16 제가 아는 바로는 없습니다.
je ga a-nŭn ba-ro nŭn ŏp-ssŭp-ni-da.

Que yo sepa, no lo hay.

17 이 약을 먹고 나면 졸릴 수 있어요.
i yag ŭl mŏk-go na-myŏn jol-lil su do i-ssŏ-yo.

Es posible que tenga sueño después de tomar este medicamento.

18 낮에는 복용하지 마세요.
na-je nŭn bo-gyong ha-ji ma-se-yo.

No lo tome durante el día.

19 증상이 계속되면 병원으로 가세요.
jŭng-sang i gye-sok-doe-myŏn byŏng-wŏn ŭ-ro ga-se-yo.

Si los síntomas persisten, vaya a un hospital.

20 처방전 없이는 약을 드릴 수 없습니다.
chŏ-bang-jŏn ŏp-shi nŭn yag ŭl dŭ-ril su ŏp-sŭp-ni-da.

No puedo darle el medicamento sin receta.

21 그 증상에는 이 약이 잘 듣습니다.
gŭ jŭng-sang e nŭn i yag i jal dŭt-ssŭp-ni-da.

Este medicamento funciona bien para ese síntoma.

22 효과가 있으면 좋겠네요.
hyo-ggwa ga i-ssŭ-myŏn jo-ket-ne-yo.

Espero que esto funcione de manera efectiva.

23 이 약은 어디에 있나요?
i yag ŭn ŏ-di e it-na-yo?

¿Dónde está este medicamento?

24 두 약의 차이점은 뭐죠?
du yag ŭi cha-i-jŏm ŭn mwŏ-jyo?

¿Cuál es la diferencia entre los dos medicamentos?

25 뭐가 더 잘 듣나요?
mwŏ ga dŏ jal dŭt-na-yo?

¿Cuál funciona mejor?

Capítulo 14. Atracción Turistica

01 여기가 유명한 관광지 인가요?
yŏ-gi ga yu-myŏng-han gwan-gwang-ji in-ga-yo?

¿Es este un lugar turístico famoso?

02 네, 아주 유명합니다.
ne, a-ju yu-myŏng-hap-ni-da.

Sí, es muy famoso.

03 사람들이 굉장히 많네요.
sa-ram-dŭl i goeng-jang-hi man-ne-yo.

Hay tanta gente.

04 관광객이 많습니다.
gwan-gwang-gaek i man-sŭp-ni-da.

Hay muchos turistas.

05 언제나 사람이 많아요.
ŏn-je-na sa-ram i man-a-yo.

Siempre hay mucha gente.

06 평일에도 붐빕니다.
pyŏng-il e-do bum-bip-ni-da.

Está lleno incluso durante la semana.

07 인기가 많은 곳입니다.
in-gi-ga man-ŭn go ship-ni-da.

Es un lugar popular.

08 역사적인 곳입니다.
yŏ-k-sa-jŏg-in go ship-ni-da.

Es un lugar histórico.

09 이 곳은 어떤 곳인가요?
i go sŭn ŏ-ttŏn go shin-ga-yo?

¿Qué tipo de lugar es este?

10 어떠한 의미가 있나요?
ŏ-ttŏ-han ŭi-mi ga it-na-yo?
¿Qué tipo de significado tiene?

11 영어 안내 책자가 있나요?
yŏng-ŏ an-nae chaek-ja ga it-na-yo?
¿Tienes una guía de inglés?

12 영어 안내원이 있나요?
yŏng-ŏ an-nae-wŏn i it-na-yo?
¿Tienes una guía de inglés?

13 오디오 가이드가 있나요?
o-di-o ga-i-dŭ ga it-na-yo?
¿Tienes una audioguía?

14 티켓은 어디서 사나요?
ti-ke sŭn ŏ-di-sŏ sa-na-yo?
¿Dónde compro el boleto?

15 화장실은 어디에 있나요?
hwa-jang-shil ŭn ŏ-di-e it-na-yo?
¿Dónde está el baño?

16 입장 후에도 화장실이 있나요?
ip-jang hu-e do hwa-jang-shil i it-na-yo?
¿Hay un baño después de la entrada también?

17 안내소는 어디인가요?
an-nae-so nŭn ŏ-di in-ga-yo?
¿Dónde está la cabina de información?

18 여권이 필요한가요?
yŏ-ggwŏn i pil-yo-han-ga-yo?
¿Es necesario el pasaporte?

19 사진을 찍어도 되나요?
sa-jin ŭl jjig-ŏ-do doe-na-yo?
¿Puedo tomar una foto?

20 사진 좀 찍어주시겠어요?
sa-jin jom jjig-ŏ ju-shi-get-ssŏ-yo?
¿Puedes por favor tomarme una foto?

21 사진 찍어드릴까요?
sa-jin jjig-ŏ dŭ-ril-gga-yo?
¿Quieres que te tome una foto?

22 배경이 나오게 찍어주세요.
bae-gyŏng i na-o-ge jjig-ŏ ju-se-yo.
Tome una fotografía con el fondo visible.

23 어른 한 장, 어린이 두 장 주세요.
ŏ-rŭn han jang, ŏ-rin-i du jang ju-se-yo.
Dame un boleto (para) adulto, dos boletos (para) niños.

24 몇시까지 입장해야 하나요?
myŏ-sshi gga-ji ip-jang hae-ya ha-na-yo?
¿A qué hora tengo que entrar?

25 몇시까지 구경 가능한가요?
myŏ-sshi gga-ji gu-gyŏng ga-nŭng-han-ga-yo?
¿Cuál es la última vez que podemos mirar alrededor?

26 출구가 어디죠?
chul-gu ga ŏ-di-jyo?
¿Dónde está la salida?

27 동영상을 찍어도 되나요?
dong-yŏng-sang ŭl jjig-ŏ-do doe-na-yo?
¿Puedo tomar un video?

28 입장 제한 구역입니다.
ip-jang je-han gu-yeog ip-ni-da.
(Es) un área restringida (de entrada).

29 왼쪽으로/오른쪽으로 걸으세요.
oen-jjog ŭ-ro / o-rŭn-jjog ŭ-ro gŏl-ŭ-se-yo.
Mantente a la izquierda / derecha (al caminar).

30 여기서 만나요.
yŏ-gi-sŏ man-na-yo.
Encontrémonos aquí.

31 입장료는 얼마죠?
ip-jang-nyo nŭn ŏl-ma-jyo?
¿Cuánto cuesta la entrada?

32 어린이/경로 할인이 있나요?
ŏ-rin-i / gyŏng-no hal-in i it-na-yo?
¿Tiene descuento para niños / jubilados?

33 외국인은 얼마죠?
oe-gug-in ŭn ŏl-ma-jyo?
¿Cuánto cuesta para los extranjeros?

34 여기 들어가도 되나요?
yŏ-gi dŭl-ŏ-ga-do doe-na-yo?
¿Puedo entrar aquí?

35 바깥에서만 관람해주세요.
ba-ggat-e-sŏ man gwal-lam hae-ju-se-yo.
Por favor, mire solo desde el exterior.

36 들어가면 안됩니다.
dŭl-ŏ-ga-myŏn an-doep-ni-da.
No puedes entrar.

37 조용히 해주세요.
jo-yong-hi hae-ju-se-yo.
Por favor, cállate.

38 큰 소리로 말하면 안됩니다.
kŭn so-ri ro mal-ha-myŏn an-doep-ni-da.
Por favor, baja la voz.

39 만지면 안됩니다.
man-ji-myŏn an-doep-ni-da.
No puedes tocarlo.

40 기념품 가게는 어디에 있나요?
gi-nyŏm-pum ga-ge-nŭn ŏ-di-e it-na-yo?
¿Dónde está la tienda de recuerdos?

41 기념품을 사고 싶습니다.
gi-nyŏm-pum ŭl sa-go ship-sŭp-ni-da.
Me gustaría comprar recuerdos.

42 입장권을 보여주세요.
ip-jang-ggwŏn ŭl bo-yŏ-ju-se-yo.
Por favor muéstrame el boleto de admisión.

43 검색을 하겠습니다.
gŏm-saeg ŭl ha-get-ssŭp-ni-da.
Voy a hacer un escaneo (de seguridad).

44 음식은 반입이 안됩니다.
ŭm-shig ŭn ban-ib i an-doep-ni-da.
No se permite llevar comida adentro.

45 안에 식당이 있나요?
an-e shik-dang i it-na-yo?
¿Hay un restaurante adentro?

46 문화적인 의미가 있습니다.
mun-hwa-jŏg-in ŭi-mi ga it-ssŭp-ni-da.
Tiene un significado / significado cultural.

47 이런건 처음 봅니다.
i-rŏn gŏn chŏ-ŭm bop-ni-da.
Nunca he visto algo así.

48 경치 좋다!
gyŏng-chi jot-ta!
¡Qué buena vista!

49 정말 멋집니다.
jŏng-mal mŏt-jip-ni-da..
Es realmente genial.

50 생각보다 멋집니다.
saeng-gak bo-da mŏt-jip-ni-da.
Hace más frío de lo que pensaba.

51 정말 한국적이네요.
jǒng-mal han-guk-jǒg i-ne-yo.

Es realmente coreano (estilo).

52 아주 독특합니다.
a-ju dok-tǔk-hap-ni-da.

Esto es tan único.

53 이게 다예요?
i-ge da ye-yo?

¿Esto es todo?

54 별로네요.
byǒl-lo-ne-yo.

No es tan bueno.

55 실망스럽네요.
shil-mang-sǔ-rǒp-ne-yo.

Es decepcionante.

56 괜히 왔어요.
gwen-hi wa-ssǒ-yo.

¡Vinimos aquí por nada!

Capítulo 15. Clima

01 날씨가 어때요?
nal-shi ga ǒ-ttae-yo?

¿Cómo está el clima?

02 날씨가 정말 좋네요!
nal-shi ga jǒng-mal jot-ne-yo!

¡El clima es muy agradable! / ¡Qué hermoso clima!

03 매일 날씨가 이랬으면 좋겠어요.
mae-il nal-shi ga i-rae-sǔ-myǒn jo-ke-ssǒ-yo.

Desearía que el clima fuera así todos los días.

04 날씨가 왜 이렇죠?
nal-shi ga wae i-rǒt-chyo?

¿Qué pasa con el clima?

05 비가 오려나?
bi ga o-ryǒ-na?

¿Va a llover?

06 하늘이 맑아요.
ha-nǔl i mal-ga-yo.

El cielo está despejado.

07 햇살이 따갑습니다.
hae-ssal i tta-gap-sǔp-ni-da.

El sol está muy caliente.

08 구름이 많이 꼈네요.
gu-rǔm i man-i ggyǒt-ne-yo.

Está nublado.

09 눈이 내린다!
nun i nae-rin-da!

¡Está nevando!

10 첫눈이다!
chŏt nun i-da!

¡Es la primera nevada!

11 비가 쏟아지네요!
bi ga sso-da-ji-ne-yo!

¡Está lloviendo a cántaros!

12 일기 예보가 틀렸어요.
il-gi ye-bo ga tŭl-lyŏ-sŏ-yo.

El pronóstico del tiempo es incorrecto.

13 우산을 가져올걸!
u-san ŭl ga-jyŏ-ol-gŏl!

¡Debería haber traído un paraguas!

14 너무 덥네요/춥네요.
nŏ-mu dŏp-ne-yo/chup-ne-yo.

Hace demasiado calor / frío.

15 굉장히 습하네요/건조하네요.
goeng-jang-hi sŭp-ha-ne-yo / gŏn-jo-ha-ne-yo.

Es muy húmedo / seco.

16 비가/눈이 그쳤나요?
bi ga / nun i gŭ-chyŏt-na-yo?

¿Dejó de llover / nevar?

17 이제 안오네요.
i-je an o-ne-yo.

Dejó de llover / nevar.

18 내일은 날씨가 어떨까요?
nae-il ŭn nal-shi ga ŏ-ttŏl-gga-yo?

¿Qué tiempo hará mañana?

19 날씨가 정말 이상하네요.
nal-shi ga jŏng-mal i-sang-ha-ne-yo.

El clima es realmente extraño.

20 서울 날씨는 어때요?
sŏ-ul nal-shi nŭn ŏ-ttae-yo?

¿Cómo está el clima (en) Seúl?

21 비가/눈이 올 것 같아요.
bi ga / nun i ol gŏt gat-a-yo.

Parece que vendrá lluvia / nieve.

22 일기 예보 들으셨나요?
il-gi ye-bo dŭl-ŭ-shŏt-na-yo?

¿Has escuchado el pronóstico del tiempo?

23 일기 예보에 따르면 화창할 예정입니다.
il-gi ye-bo-e tta-rŭ-myŏn hwa-chang-hal
ye-jŏng-ip-ni-da.

Según el pronóstico del tiempo, va a estar soleado.

24 태풍이 오고 있어요.
tae-pung i o-go i-ssŏ-yo.

Se acerca la tormenta.

25 소풍가기에 날씨가 어때요?
so-pung ga-gi-e nal-shi ga ŏ-ttae-yo?

¿Cómo está el clima para un picnic?

26 오늘 몇 도예요?
o-nŭl myŏt do ye-yo?

¿Cuál es la temperatura hoy?

27 최고기온은/최저기온은 30도입니다.
choe-go gi-on ŭn/choe-jŏ gi-on ŭn sam-ship do ip-ni-da.

La temperatura más alta / más baja es de 0 grados.

28 날씨가 차차 좋아지고 있어요.
nal-shi ga cha-cha   jo-a-ji-go i-ssŏ-yo.

El clima está mejorando gradualmente.

29 아침내내 흐렸어요.
a-chim nae-nae hŭ-ryŏ-ssŏ-yo.

Ha estado nublado durante toda la mañana.

30 날씨를 예측할 수 없네요.
nal-shi rŭl ye-chŭk hal su ŏp-ne-yo.

No puedo predecir el clima.

31 해가 점점 짧아지고/길어지고 있어요.
hae ga jŏm-jŏm jjal-ba-ji-go / gil-ŏ-ji-go   i-ssŏ-yo.

El sol se hace cada vez más corto / más largo.

32 오후에 비가/눈이 올 거예요.
o-hu e bi ga / nun i   ol gŏ-ye-yo.

Lluvia / nieve vendrá en la tarde.

33 날씨가 변덕스러워요.
nal-shi ga byŏn-dŏk-sŭ-rŏ-wŏ-yo.

El clima es voluble / cambiante / incierto.

34 날씨가 오락가락 하네요.
nal-shi ga   o-rak-ga-rak ha-ne-yo.

El clima sigue cambiando.

35 곧 좋아질 거예요.
got jo-a-jil   gŏ-ye-yo.

Mejorará pronto.

36 하루종일 비가/눈이 오네요.
ha-ru-jong-il bi ga / nun i o-ne-yo.

Está lloviendo / nevando todo el día.

37 기온이 많이 떨어졌어요.
gi-on i   man-i ttŏl-ŏ-jyŏ-ssŏ-yo.

La temperatura bajó mucho.

38 날씨가 따뜻하네요.
nal-shi ga tta-ttŭt-ha-ne-yo.

El clima es cálido.

39 날씨가 맑겠습니다.
nal-shi ga mal-gget-sŭp-ni-da.

El tiempo estará despejado.

40 일기 예보는 믿을 수 없습니다.
il-gi   ye-bo nŭn mid-ŭl su-ga ŏp-sŭp-ni-da.

No puedes confiar en el pronóstico del tiempo.

41 한국 날씨 어때요?
han-guk nal-shi ŏ-ttae-yo?

¿Cómo está el clima en Corea?

42 어떤 계절이 가장 좋아요?
ŏ-ttŏn gye-jŏl i   ga-jang jo-a-yo?

¿Qué estación te gusta más?

43 봄이/여름이/가을이/겨울이 가장 좋아요.
bom i / yŏ-rŭm i / ga-ŭl i / gyŏ-ul i   ga-jang jo-a-yo.

Me gusta más la primavera / verano / otoño / invierno.

44 곧 봄이 올 거예요.
got bom i   ol gŏ-ye-yo.

La primavera llegará pronto.

45 잎이 붉게 물드네요.
ip i   bul-gge mul-dŭ-ne-yo.

Las hojas se están poniendo rojas.

46 황사가 옵니다.
hwang-sa ga op-ni-da.

Se acerca la tormenta de arena.

47 황사때문에 눈이 따가워요.
hwang-sa ttae-mun-e nun i tta-ga-wŏ-yo.

Los ojos pican debido a la tormenta de arena.

48 비가 오면 좋겠어요.
bi ga   o-myŏn jo-ke-ssŏ-yo.

Sería bueno si llegara la lluvia.

49 지금은 장마철이에요.
ji-gŭm ŭn jang-ma-chŏl i-e-yo.

Es una temporada de lluvias ahora.

50 이번 주부터 장마가 시작됩니다.
i-bŏn ju bu-tŏ   jang-ma ga shi-jak-doep-ni-da.
La temporada de lluvias comienza a partir de esta semana.

51 쾌적한 날씨네요!
kwae-jŏk-han nal-shi ne-yo!
¡Qué clima agradable / ideal es!

52 날씨 정말 좋네요!
nal-shil jŏng-mal jot-ne-yo!
¡El clima es muy bueno!

53 구름 하나 없어요.
gu-rŭm ha-na   ŏp-sŏ-yo.
¡No hay una sola nube!

54 땀이 나네요.
ttam i   na-ne-yo.
Estoy sudando.

55 안개가 자욱하네요.
an-gae ga   ja-uk-ha-ne-yo.
Está muy nublado.

56 바람이 많이 부네요.
ba-ram i man-i   bu-ne-yo.
Hace mucho viento.

57 공기가 안좋아요.
gong-gi ga an-jo-a-yo.
El aire (calidad) no es bueno.

58 눈이 많이 쌓였어요.
nun i man-i   ssa-yŏ-ssŏ-yo.
Se ha acumulado mucha nieve.

59 길이 얼었어요.
gil i   ŏl-ŏ-ssŏ-yo.
El camino está congelado.

60 길이 미끄러워요.
gil i   mi-ggŭ-rŏ-wŏ-yo.
El camino es resbaladizo.

Capítulo 16. Emociones

01 정말 기뻐요.
jŏng-mal gi-bbŏ-yo.

Estoy muy feliz.

02 좋은 생각이에요!
jo-ŭn saeng-gag i-e-yo!

¡Esa es una gran idea!

03 훌륭합니다.
hul-lyung-hap-ni-da.

Es fabuloso.

04 화났어요?
hwa na-ssŏ-yo?

¿Estás molesto?

05 많이 화났어요.
man-i hwa na-ssŏ-yo.

Estoy muy enojado.

06 짜증나요.
jja-zŭng na-yo.

Estoy realmente irritado.

07 열받았어요.
yŏl bad-a-ssŏ-yo.

Estoy enojado.

08 안심이 됩니다.
an-shim i doep-ni-da.

Eso es un alivio.

09 놀랍군요!
nol-lap-gun-yo!

Increíble! / ¡Asombroso!

10 농담이죠?
nong-dam i-jyo?

Me estás tomando el pelo, ¿verdad?

11 장난하지 마세요.
jang-nan ha-ji ma-se-yo.

Deja de jugar / bromear conmigo.

12 믿을 수 없어!
mid-ŭl su ŏp-sŏ!

¡No puedo creerlo!

13 환상적이네요!
hwan-sang-jŏg i-ne-yo!

¡Es fantástico!

14 멋질 거예요!
mŏt-jil gŏ-ye-yo!

¡Será genial!

15 진짜예요?
jin-jja ye-yo?

¿De verdad?

16 진심인가요?
jin-shim in-ga-yo?

¿Hablas en serio?

17 흥미진진하네요.
hŭng-mi-jin-jin ha-ne-yo.

¡Eso es emocionante!

18 끔찍해!
ggŭm-jjik-hae!

¡Eso es horrible!

19 창피해!
chang-pi-hae!

¡Qué pena!

20 이제 제발 그만해!
i-je je-bal gŭ-man-hae!

¡Detente ahora!

21 매우 불쾌하네요.
mae-u bul-kwae-ha-ne-yo.

Soy extremadamente infeliz.

22 슬퍼요.
sŭl-pŏ-yo.

Estoy triste.

23 정말 비참하네요.
jŏng-mal bi-cham-ha-ne-yo.

Es realmente miserable.

24 기분이 별로 좋지 않아요.
gi-bun i byŏl-lo jot-chi an-a-yo.

No estoy de buen humor.

25 기분이 좋아요.
gi-bun i jo-a-yo.

Me siento bien.

26 우울하네요.
u-ul-ha-ne-yo.

Me siento deprimido.

27 실망이에요.
shil-mang i-e-yo.

Estoy decepcionado.

28 당신에게 실망했어요.
dang-shin e-ge shil-mang-hae-ssŏ-yo.

Estoy decepcionado de ti.

29 애석하네요.
ae-sŏk-ha-ne-yo.

Eso es una pena.

30 저런, 안됐네요.
jŏ-rŏn, an-doet-ne-yo.

Oh, eso es muy malo.

31 운이 나빴어요.
un i na-bba-ssŏ-yo.

Eso fue desafortunado.

32 그 말을 들으니 유감입니다.
gŭ mal ŭl dŭl-ŭ-ni yu-gam-ip-ni-da.

Lamento escuchar eso.

33 저는 당신 편이에요.
jŏ nŭn dang-shin pyŏn i-e-yo.

Estoy (de) tu lado.

34 실망하지 마세요.
shil-mang ha-ji ma-se-yo.

No te decepciones.

35 무슨 일이지요?
mu-sŭn il i-ji-yo?

¿Cuál es el problema?

36 뭐가 잘못되었나요?
mwŏ ga jal-mot doe-ŏt-na-yo?

¿Hay algo malo?

37 괜찮아요?
goen-chan-a-yo?

¿Estás bien? / ¿Está bien?

38 걱정하지 마세요.
gŏk-jŏng ha-ji ma-se-yo.

No te preocupes.

39 무엇 때문에 걱정이세요?
mu-ŏt ttae-mun-e gŏk-jŏng-i-se-yo?

¿Qué le preocupa?

40 무슨 문제 있나요?
mu-sŭn mun-je it-na-yo?

¿Hay algún problema?

41 빨리 해결하시기를 바래요.
bbal-li hae-gyŏl-ha-shi-gi rŭl ba-rae-yo.

Espero que lo resuelvas pronto.

42 대단히 감사합니다.
dae-dan-hi gam-sa-hap-ni-da.

Muchas gracias.

43 모든 것에 감사드려요.
mo-dŭn gŏ se gam-sa-dŭ-ryŏ-yo.

Gracias por todo.

44 도와주셔서 감사합니다.
do-wa-ju-shŏ-sŏ gam-sa-hap-ni-da.

Gracias por ayudarme.

45 저에게 큰 도움이 되어주셨어요.
jŏ e-ge kŭn do-um i doe-ŏ-ju-shŏ-ssŏ-yo.

Has sido de gran ayuda para mí.

46 초대해 주셔서 감사합니다.
cho-dae-hae ju-shŏ-sŏ gam-sa-hap-ni-da.

Gracias por invitarme.

47 고맙습니다.
go-map-sŭp-ni-da.

Gracias.

48 정말 친절하시네요.
jŏng-mal chin-jŏl-ha-shi-ne-yo.

Eso es muy amable de su parte.

49 저야말로 감사합니다.
jŏ-ya-mal-lo gam-sa-hap-ni-da.

Soy YO quien está agradecido. /Gracias.

50 천만에요.
chŏn-man-e-yo.

De nada.

51 미안합니다.
mi-an-hap-ni-da.
Lo siento.

52 죄송합니다.
joe-song-hap-ni-da.
Pido disculpas.

53 정말 죄송합니다.
jŏng-mal joe-song-hap-ni-da.
Pido disculpas sinceramente.

54 정말 미안합니다.
jŏng-mal mi-an-hap-ni-da.
Lo siento mucho.

55 늦어서 죄송합니다.
nŭ-zŏ-sŏ joe-song-hap-ni-da.
Perdón por llegar tarde.

56 기다리게 해서 죄송해요.
gi-da-ri-ge hae-sŏ joe-song-hae-yo.
Lamento haberte hecho esperar.

57 제 실수예요.
je shil-su ye-yo.
Es mi error.

58 제 실수를 사과드립니다.
je shil-su rŭl sa-gwa-dŭ-rip-ni-da.
Pido disculpas (por) mi error.

59 너무 시끄럽게 해서 죄송합니다.
nŏ-mu shi-ggŭ-rŏp-ge hae-sŏ joe-song-hap-ni-da.
Pido disculpas por ser demasiado ruidoso / ruidoso.

60 그런 의도가 아니었어요.
gŭ-run ŭi-do ga a-ni-ŏ-ssŏ-yo.
Esa no era mi intención.

61 당연하죠!
dang-yŏn-ha-jyo!
¡Por supuesto!

62 물론이죠!
mul-lon-i-jyo!
¡Absolutamente!

63 미쳤어요?
mi-chyŏ-ssŏ-yo?
¿Estás loco?

64 정신 나갔어요?
jŏng-shin na-ga-ssŏ-yo?
Debes estar fuera de tu mente!

65 화내지 마세요.
hwa-nae-ji ma-se-yo.

No te enojes.

66 무서워요.
mu-sŏ-wŏ-yo.

Da miedo / Tienes miedo.

67 너무 웃겨요.
nŏ-mu ut-gyŏ-yo.

Es muy gracioso.

68 정말 재밌어요.
jŏng-mal jae-mi-ssŏ-yo.

Es muy divertido.

69 마음이 아파요.
ma-ŭm i   a-pa-yo.

Estoy desconsolado.

Capítulo 17. En el Trabajo

01 신입사원 김철수입니다.
shin-ip-sa-wŏn kim chŏl-su ip-ni-da.

Soy Kim Cheol-su, un nuevo empleado / recluta.

02 많이 가르쳐주세요.
man-i ga-rŭ-chyŏ-ju-se-yo.

Espero aprender mucho de ti.

03 인턴으로 들어왔습니다.
in-tŏn ŭ-ro dŭl-ŏ-wa-sŭp-ni-da.

Me estoy uniendo como pasante.

04 마케팅 부서에서 일하게 되었습니다.
ma-ke-ting bu-sŏ e-sŏ il-ha-ge doe-ŏ-ssŭp-ni-da.

Me han asignado para trabajar en el departamento de marketing.

05 함께 일하게 되어 영광입니다.
ham-gge il-ha-ge doe-ŏ yŏng-gwang ip-ni-da.

Me siento honrado de trabajar con usted.

06 이 전에는 삼성에서 일했어요.
i jŏn-e-nŭn sam-sŏng e-sŏ il-hae-ssŏ-yo.

Solía trabajar en Samsung antes de venir aquí.

07 출근/퇴근은 몇시인가요?
chul-gŭn/toe-gŭn ŭn myŏ-sshi in-ga-yo?

¿A qué hora es la entrada / salida del reloj?

08 점심 시간은 몇시부터인가요?
jŏm-shim shi-gan ŭn myŏ-sshi bu-tŏ in-ga-yo?

¿A qué hora comienza el almuerzo?

09 제 자리는 어디죠?
je ja-ri nŭn ŏ-di-jyo?
¿Dónde está mi asiento?

10 사원증을 만들어드릴게요.
sa-wŏn-tzŭng ŭl man-dŭl-ŏ dŭ-ril-gge-yo.
Te haré una tarjeta de empleado.

11 계약서에 서명해주세요.
gye-yak-sŏ e sŏ-myŏng hae-ju-se-yo.
Por favor firme el contacto.

12 연봉은 얼마죠?.
yŏn-bong ŭn ŏl-ma-jyo?
¿Cuánto es el salario?

13 월급은 통장으로 보내드립니다.
wŏl-gŭb ŭn tong-jang ŭ-ro bo-nae-dŭ-rip-ni-da.
Enviamos el pago (mensual) a (su) cuenta.

14 휴가는 일년에 며칠인가요?
hyu-ga nŭn il-nyŏn e myŏ-chil in-ga-yo?
¿Cuántos días de vacaciones tengo al año?

15 구내식당은 어디죠?
gu-nae-shik-dang ŭn ŏ-di-jyo?
¿Dónde está la cafetería?

16 야근을 많이 하나요?
ya-gŭn ŭl man-i ha-na-yo?
¿Hacemos muchas horas extras por la noche?

17 프로젝트가 많아요.
pŭ-ro-jek-tŭ ga man-a-yo.
Tenemos / Hay muchos proyectos.

18 우리 팀장님은 깐깐해요.
u-ri tim-jang-nim ŭn ggan-ggan-hae-yo.
Nuestro gerente es exigente / fastidioso.

19 우리 사장님은 개방적이에요.
u-ri sa-jang-nim ŭn gae-bang-jŏg i-e-yo.
Nuestro jefe es de mente abierta.

20 사내 연애는 금지예요.
sa-nae yŏn-ae nŭn gŭm-ji-ye-yo.
Citas en el trabajo está prohibido.

21 담배를 피려면 옥상으로 가세요.
dam-bae rŭl pi-ryŏ-myŏn ok-sang-ŭ-ro ga-se-yo.
Si vas a fumar un cigarrillo, ve a la azotea.

22 복장은 정장/캐쥬얼 입니다.
bok-jang ŭn jŏng-jang/kae-yju-ŏl ip-ni-da.
El código de vestimenta es traje / casual.

23 탕비실은 어디인가요?
tang-bi-shil ŭn ŏ-di-in-ga-yo?
¿Dónde está la despensa de la oficina?

24 업무 보고를 해주세요.
ŏp-mu bo-go rŭl hae-ju-se-yo.
Por favor, dame el informe de negocio / actividad.

25 프레젠테이션 준비를 합시다.
pŭ-re-jen-te-i-shŏn jun-bi rŭl hap-shi-da.
Preparémonos (para) la presentación.

26 아주 중요한 미팅이에요.
a-ju jung-yo-han mi-ting i-e-yo.
Es una reunión muy importante.

27 여기선 원래 그렇게 해요.
yŏ-gi-sŏn wŏl-lae gŭ-rŏt-ke hae-yo.
Así es como lo hacemos por aquí.

28 이렇게 하면 되나요?
i-rŏt-ke ha-myŏn doe-na-yo?
¿Está bien si me gusta esto?

29 업무가 많네요/적네요.
ŏp-mu ga man-ne-yo/jŏk-ne-yo.
Hay mucho / poco trabajo.

30 퇴근 해도 될까요?
toe-gŭn hae-do doel-gga-yo?
¿Te importa si me voy?

31 제가 더 도와드릴 일이 있을까요?
je ga dŏ do-wa-dŭ-ril il i i-ssŭl-gga-yo?
¿Algún trabajo con el que pueda ayudarlo más?

32 좋은 동료가 있어서 기쁘네요.
jo-ŭn dong-nyo ga i-ssŏ-sŏ gi-bbŭ-ne-yo.
Estoy feliz porque tengo un buen colega.

33 내일은 휴일이라 출근 안해도 되요.
nae-il ŭn hyu-il i-ra chul-gŭn an-hae-do doe-yo.
No tienes que venir a trabajar porque mañana es feriado.

34 오늘 결근이에요.
o-nŭl gyŏl-gŭn i-e-yo.
(Estoy / Él está / Ella está) ausente hoy.

35 몸이 아파서 조퇴하려고요.
mom i a-pa-sŏ jo-toe ha-ryŏ-go-yo.
Me iré temprano porque no me siento bien.

36 제 업무 좀 대신 해주세요.
je ŏp-mu jom dae-shin hae-ju-se-yo.
¿Puedes completar esto por mí?

37 왜 퇴근 안하세요?
oe toe-gŭn an-ha-se-yo?

¿Por qué no sales del trabajo?

38 오늘 야근 하시나요?
o-nŭl ya-gŭn ha-shi-na-yo?

¿Estás trabajando horas extras por la noche hoy?

39 경비처리 하면 되요.
gyŏng-bi chŏ-ri ha-myŏn doe-yo.

Puede cancelarse como un gasto comercial.

40 빨리 해주세요.
bbal-li hae-ju-se-yo.

Hazlo rápido.

41 오늘까지 처리 해야해요.
o-nŭl gga-ji chŏ-ri hae-ya-hae-yo.

Hoy debe ser atendido.

42 저에게 이메일로 보내주세요.
jŏ e-ge   i-mae-il lo bo-nae-ju-se-yo.

Envíamelo por correo electrónico, por favor.

43 회의실로 오세요.
hoe-ŭi-shil lo   o-se-yo.

Ven a la sala de reuniones, por favor.

44 그렇게 하면 안돼요.
gŭ-rŏt-ke ha-myŏn an-doe-yo.

No es así como deberías hacerlo.

45 결재해주세요.
gyŏl-jae hae-ju-se-yo.

Por favor apruebe / autorice.

46 사장님께 보고하세요.
sa-jang-nim-gge bo-go ha-se-yo.

Por favor, informe al jefe.

47 이 서류를 복사해주세요.
i sŏ-ryu rŭl bok-sa hae-ju-se-yo.

Haga copias de este documento.

48 좀 쉬었다 합시다.
jom shwi-ŏt-da hap-shi-da.

Tomemos un descanso rápido.

49 집에서 마무리 할게요.
jib e-sŏ ma-mu-ri hal-gge-yo.

Lo terminaré en casa.

50 재택근무 하려고요.
jae-taek-gŭn-mu ha-ryŏ-go-yo.

Trabajaré desde casa.

51 내일도 사무실에 나와주세요.
nae-il do sa-mu-shil e   na-wa-ju-se-yo.

Ven a trabajar mañana, también, por favor.

52 오늘 회식 있습니다.
o-nŭl hoe-shik it-ssŭp-ni-da.

Hay una reunión de la empresa hoy.

53 회식에 꼭 가야하나요?
hoe-shig e ggok ga-ya ha-na-yo?

¿Debo ir a la reunión de la empresa?

54 물론이죠. 빠지면 안돼요.
mul-lon-i-jyo. bba-ji-myŏn an-doe-yo.

Por supuesto. No está bien si te lo pierdes.

55 오늘 아파서 출근 못할 것 같아요.
o-nŭl   a-pa-sŏ   chul-gŭn mot-hal gŏt gat-a-yo.

Creo que no puedo ir a trabajar porque me siento enfermo hoy.

56 결근계를 작성해주세요.
gyŏl-gŭn-gye rŭl jak-sŏng hae-ju-se-yo.

Complete un informe de ausencia.

57 너무 열심히 일하지 마세요.
nŏ-mu yŏl-shim-hi il   ha-ji ma-se-yo.

No trabajes demasiado duro.

58 깜빡 졸았어요.
ggam-bbak jol-at-ŏ-yo.

Me quedé dormido por un breve momento.

59 먼저 퇴근할게요.
mŏn-jŏ toe-gŭn hal-gge-yo.

Voy a salir del trabajo primero (antes que tú).

60 수고하세요!
su-go   ha-se-yo!

Tómatelo con calma. / Nos vemos.

61 팀장님보다 먼저 퇴근하면 안돼요.
tim-jang-nim bo-da mŏn-jŏ toe-gŭn ha-myŏn an-doe-yo.

No está bien si sales del trabajo antes que el jefe.

62 다들 그렇게 해요.
da-dŭl   gŭ-rŏt-ke hae-yo.

Todos lo hacen así por aquí.

63 신입사원 교육을 하겠습니다.
shin-ip-sa-wŏn gyo-yug ŭl ha-get-ssŭp-ni-da.

Tendremos una nueva capacitación de empleados.

64 승진 축하드립니다!
sŭng-jin chuk-ha-dŭ-rip-ni-da!

¡Felicidades por su promoción!

65 인사평가에 반영 될거예요.
in-sa-pyŏng-gga e ban-yŏng doel-ggŏ-ye-yo.

Se verá eflejado en la evaluación del empleado.

66 인사과에 가서 말해보세요.
in-sa-ggwa e ga-sŏ mal-hae-bo-se-yo.

Ve e intenta hablar con el departamento de recursos humanos.

67 어느 분께 여쭤보면 될까요?
ŏ-nŭ bun gge yŏ-jjwŏ-bo-myŏn doel-gga-yo?

¿A quién le debo preguntar?

68 월급이 아직 안 들어왔어요.
wŏl-gŭb i a-jik an dŭl-ŏ-wa-ssŏ-yo.

Todavía no he recibido mi cheque de pago.

69 월급이 올랐어요.
wŏl-gŭb i ol-la-ssŏ-yo.

Recibí un aumento de sueldo.

70 저는 퇴사하려고요.
jŏ nŭn toe-sa ha-ryŏ-go-yo.

Voy a renunciar al trabajo.

71 다른 곳으로 이직하려고요.
da-rŭn go sŭ-ro i-jik ha-ryŏ-go-yo.

(Estoy) planeando cambiarme de empresa.

72 더 좋은 조건을 주는 곳을 찾았어요.
dŏ jo-ŭn jo-ggŏn ŭl ju-nŭn go sŭl cha-ja-ssŏ-yo.

Encontré un lugar que me ofrece una mejor oferta.

73 이직 제의가 들어왔어요.
i-jik je-ŭi ga dŭl-ŏ-wa-ssŏ-yo.

Tengo una oferta de trabajo de otra compañía.

74 그 분은 예전에 그만 두셨어요.
gŭ bun ŭn ye-jŏn-e gŭ-man du-shŏ-ssŏ-yo.

(él / ella) renunció hace un tiempo.

Capítulo 18. Estación de Policia

01　도와주세요!
do-wa-ju-se-yo!

Por favor ayuda!

02　도움이 필요합니다.
do-um　i　pil-yo-hap-ni-da.

Necesito ayuda.

03　지갑을 도둑맞았어요.
ji-gab　ŭl　do-dug-ma-za-ssŏ-yo.

Tenía (mi) billetera / cartera levantada / robada.

04　여권을 잃어버렸어요.
yŏ-ggwŏn　ŭl　il-ŏ-bŏ-ryŏ-ssŏ-yo.

Perdí / extravié mi pasaporte.

05　소매치기를 당했어요.
so-mae-chi-gi　rŭl　dang-hae-ssŏ-yo.

Tengo (mi) bolsillo recogido.

06　지하철에 지갑을 놓고 내렸어요.
ji-ha-chŏl　e　ji-gab　ŭl　not-ko　nae-ryŏ-ssŏ-yo.

Me bajé con (mi) billetera en el metro.

07　강도를 당했어요.
gang-do　rŭl　dang-hae-ssŏ-yo.

Me robaron.

08　이 사람이 저를 폭행했습니다.
i　sa-ram　i　jŏ　rŭl　pok-haeng-haet-ssŭp-ni-da.

Este hombre me asaltó.

09　폭행 당했어요.
pok-haeng dang-hae-ssŏ-yo.

Me asaltaron.

10 바로 저 사람/이 사람이에요!
ba-ro jŏ sa-ram / i sa-ram i-e-yo!

Este es él / ella aquí!

11 어떻게 생겼나요?
ŏ-ttŏ-ke saeng-gyŏt-na-yo?

¿Cómo / cómo se ve (él / ella)?

12 인상착의를 알려주세요.
in-sang-chag-ŭi rŭl al-lyŏ-ju-se-yo.

Por favor dígame sus características y ropa.

13 잘 기억이 안나요.
jal gi-ŏg i an-na-yo.

No me acuerdo bien.

14 대충 이렇게 생겼어요.
dae-chung i-rŏt-ke saeng-gyŏ-ssŏ-yo.

(Él / Ella) se ve más o menos así.

15 특징을 말씀해주세요.
tŭk-jing ŭl mal-ssŭm-hae-ju-se-yo.

Por favor dígame (sus) características.

16 찾을 수 있을까요?
cha-zŭl su i-ssŭl-gga-yo?

¿Puedes encontrarlo?

17 쉽지 않겠네요.
ship-ji an-ket-ne-yo.

No va a ser fácil.

18 여기 조서를 작성해주세요.
yŏ-gi jo-sŏ rŭl jak-sŏng-hae-ju-se-yo.

Complete el informe aquí.

19 돈은 얼마나 들어있었죠?
don ŭn ŏl-ma-na dŭl-ŏ-i-ssŏt-jyo?

¿Cuánto dinero había allí?

20 가방에는 무엇이 들어있었죠?
ga-bang e nŭn mu-ŏ shi dŭl-ŏ-i-ssŏt-jyo?

(Lit) ¿Qué contenía la bolsa?

21 한국에 지인이 있나요?
han-gug e ji-in i it-na-yo?

¿Tienes a alguien que conozcas en Corea?

22 비상 연락처가 있나요?
bi-sang yŏl-lak-chŏ ga it-na-yo?

¿Tiene contacto de emergencia?

23 어디에서 그랬나요?
ŏ-di   e-sŏ gŭ-raet-na-yo?

¿Dónde sucedió?

24 언제 그랬나요?
ŏn-je gŭ-raet-na-yo?

¿Cuándo sucedió?

25 정확한 위치를 알려주세요.
jŏng-hwak-han wi-chi rŭl al-lyŏ-ju-se-yo.

Por favor, dame la ubicación precisa.

26 경찰서로 갑시다.
gyŏng-chal-sŏ ro gap-shi-da.

Vayamos a la estación de policía.

27 저를 협박했어요.
jŏ rŭl hyŏp-bak-hae-ssŏ-yo.

(Él / Ella) me amenazó.

28 지금 협박하는건가요?
ji-gŭm hyŏp-bak-ha-nŭn-gŏn-ga-yo?

¿Me estás amenazando ahora?

29 경찰에 신고할겁니다.
gyŏng-chal e shin-go hal-gŏp-ni-da.

Voy a denunciarte (a ti) a la policía.

30 경찰을 불러주세요.
gyŏng-chal ŭl bul-lŏ-ju-se-yo.

Por favor llame a la policía.

31 위험에 처해있습니다.
wi-hŏm e chŏ-hae-it-ssŭp-ni-da.

(Estoy / Estamos) en peligro.

32 빨리 출동해주세요.
bbal-li chul-dong-hae-ju-se-yo.

Por favor llegue aquí rápidamente.

33 동영상을 촬영했습니다.
dong-yŏng-sang ŭl chwal-yŏng-haet-ssŭp-ni-da.

Grabé un videoclip.

34 전부 녹음했습니다.
jŏn-bu nog-ŭm-haet-ssŭp-ni-da.

Grabé todo.

35 이게 증거입니다.
i-ge   jŭng-gŏ ip-ni-da.

Esta es la evidencia.

36 이 사람은 거짓말을 하고 있어요.
i   sa-ram ŭn gŏ-jit-mal ŭl   ha-go-i-ssŏ-yo.

Este hombre / persona está mintiendo.

37 전혀 거짓말이 아닙니다.
jŏn-hyŏ gŏ-jit-mal i a-nip-ni-da.

No es mentira en absoluto.

38 빨리 범인을 잡아주세요.
bbal-li bŏm-in ŭl jab-a-ju-se-yo.

Por favor, atrape al sospechoso rápidamente.

39 처벌을 원합니다.
chŏ-bŏl ŭl wŏn-hap-ni-da.

Quiero presentar cargos.

40 처벌을 원치 않습니다.
chŏ-bŏl ŭl wŏn-chi an-ssŭp-ni-da.

No quiero presentar cargos.

41 꼭 잡아주세요!
ggok jab-a-ju-se-yo!

Por favor, atraparlo a cualquier precio!

42 저를 폭행하려 했습니다.
jŏ rŭl pok-haeng ha-ryŏ haet-ssŭp-ni-da.

(Él / Ella) trató de asaltarme.

43 저의 지갑을 훔치려 했습니다.
jŏ-ŭi ji-gab ŭl hum-chi ryŏ haet-ssŭp-ni-da.

(Él / Ella) trató de robar mi billetera.

44 현장에서 잡았어요.
hyŏn-jang e-sŏ jab-a-ssŏ-yo.

Lo atrapé en el acto.

45 다 봤어요.
da bwa-ssŏ-yo.

Lo vi todo.

46 이 사람이/저 사람이 범인입니다.
i sa-ram i/ jŏ sa-ram i bŏm-in ip-ni-da.

Este / ese hombre es el criminal.

47 도망갔습니다.
do-mang-gat-ssŭp-ni-da.

(Él / Ella) se escapó.

48 놓쳤어요.
not-chyŏt-ssŏ-yo.

Lo perdimos.

49 담당 형사를 배정하겠습니다.
dam-dang hyŏng-sa rŭl bae-jŏng ha-get-ssŭp-ni-da.

Asignaremos un detective a cargo.

50 조사가 필요하면 연락드리겠습니다.
jŏ-sa ga pil-yo-ha-myŏn yŏl-lak-dŭ-ri-get-ssŭp-ni-da.

Nos pondremos en contacto con usted si necesitamos una investigación.

Capítulo 19. Amistad

01 힘내!
him nae!

¡Anímate!

02 그런거 때문에 기죽지 마.
gŭ-rŏn gŏ ttae-mun-e gi-juk-ji ma.

No te sientas pequeño por cosas así.

03 고개 들어.
go-gae dŭl-ŏ.

Mantenga la barbilla en alto.

04 기운내.
gi-un nae.

¡Anímate!

05 누구나 실수 할 수 있어.
nu-gu-na shil-su hal su i-ssŏ.

Cualquiera puede cometer un error.

06 나였어도 그렇게 했을거야.
na-yŏ-ssŏ do gŭ-rŏt-ke hae-ssŭl-gŏ-ya.

Hubiera hecho lo mismo si fuera tú.

07 너는 잘못한거 없어.
nŏ nŭn jal-mot-han gŏ ŏp-ssŏ.

No hiciste nada malo.

08 그냥 운이 없었다고 생각해.
gŭ-nyang un i ŏp-ssŏt-da-go saeng-gak-hae.

Simplemente no fue tu día de suerte.

09 너는 최선을 다했어.
nŏ nŭn choe-sŏn ŭl da-hae-ssŏ.

Hiciste (tu) mejor.

10 다음에는 더 잘 될거야.
da-ŭm-e nŭn dŏ jal doel-gŏ-ya.

Lo harás mejor la próxima vez.

11 아무도 신경 안써.
a-mu-do shin-gyŏng an-ssŏ.

A nadie le importa.

12 걱정하지마.
gŏk-jŏng ha-ji-ma.

No te preocupes.

13 긍정적으로 생각해.
gŭng-jŏng-jŏg-ŭ-ro saeng-gak-hae.

Piensa positivamente.

14 좋은 기운을 보낸다.
jo-ŭn gi-un ŭl bo-naen-da.

Envío de buen rollo.

15 너에겐 내가 있잖아.
nŏ-e-gen nae ga it-ja-na.

Estoy aquí para ti.

16 너를 사랑하는 사람들을 생각해.
nŏ rŭl sa-rang-ha-nŭn sa-ram-dŭl ŭl saeng-gak-hae.

Piensa en las personas que te aman.

17 이건 정말 아무것도 아니야.
i-gŏn jŏng-mal a-mu-gŏt-do a-ni-ya.

Esto no es realmente nada.

18 큰 그림을 봐야지.
kŭn gŭ-rim ŭl bwa-ya-ji.

Tienes que ver el panorama general.

19 아직 기회는 남아있어.
a-jik gi-hoe nŭn nam-a-i-ssŏ.

Todavía queda una oportunidad.

20 너의 능력을 과소평가 하지마.
nŏ-ŭi nŭng-nyŏg ŭl gwa-so-pyŏng-ga ha-ji-ma.

No subestimes tus habilidades.

21 너는 네가 생각하는 것보다 대단해.
nŏ nŭn ne ga saeng-gak-ha-nŭn gŏt bo-da dae-dan-hae.
*aunque se supone que 네 se pronuncia como "ne", en la vida real la mayoría de los hablantes de coreano lo pronuncian como "ni".

Eres más grande de lo que piensas.

22 너는 정말 멋진 녀석이야.
nŏ nŭn jŏng-mal mŏt-jin nyŏ-sŏg i-ya.

Eres realmente un tipo genial.

23 네가 힘들땐 내가 도와줄게.
ne ga him-dŭl ttaen nae ga do-wa-jul-ge.

Te ayudaré cuando lo necesites.

24 도움이 필요하면 언제든지 말해.
do-um i pil-yo ha-myŏn ŏn-je-dŭn-ji mal-hae.

Dime cuando necesites ayuda

25 술 한잔 하러 가자!
sul han-jan ha-rŏ ga-ja!

¡Vamos a tomar una copa!

26 그 사람도 후회하고 있을거야.
gŭ sa-ram-do hu-hoe-ha-go i-ssŭl-gŏ-ya.

Esa persona también debe estar arrepintiéndose.

27 전혀 걱정하지 않아도 돼.
jŏn-hyŏ gŏk-jŏng ha-ji an-a-do doe.

No tienes que preocuparte en absoluto.

28 다음에 더 잘하면 되지!
da-ŭm-e dŏ jal-ha-myŏn doe-ji!

¡Está bien si lo haces mejor la próxima vez!

29 내일은 내일의 태양이 뜰거야.
nae-il ŭn nae-il ŭi tae-yang i ttŭl-gŏ-ya.

¡Después de todo, mañana es otro día!

30 고민 하지마.
go-min ha-ji ma.

No te preocupes.

31 우리 모두 너를 믿어!
u-ri mo-du nŏ rŭl mid-ŏ!

¡Todos te creemos!

32 나는 언제나 너를 믿어!
na nŭn ŏn-je-na nŏ rŭl mid-ŏ!

¡Siempre creo en ti!

33 옳은 일을 하리라고 믿는다.
ol-ŭn il ŭl ha-ri-ra-go mit-nŭn-da.

Creo / confío en que harás lo correcto.

34 유혹에 빠지지 말아라.
yu-hog e bba-ji-ji mal-a-ra.

No caigas en la tentación.

35 친구로써 말하는데,
chin-gu ro-ssŏ mal-ha-nŭn-de.

Te digo como amigo,

36 내 조언을 잊지마.
nae jo-ŏn ŭl it-ji-ma.

No olvides mi consejo.

37 너를 위해서 하는 말이야.
nŏ rŭl wi-hae-sŏ ha-nŭn mal i-ya.

Lo dijo para su propio beneficio.

38 서운하게 생각하지마.
sŏ-un-ha-ge saeng-gak ha-ji-ma.

No te sientas desanimado.

39 좋은 약은 입에 쓴거야.
jo-ŭn yag ŭn   i be ssŭn-gŏ-ya.

Un consejo útil puede ser desagradable para el oído.

40 같이 노력하자.
ga-chi no-ryŏk ha-ja.

Vamos a intentarlo juntos.

Capítulo 20. Citas / Romance

01 내일 시간 어때요?
nae-il shi-gan ŏ-ttae-yo?

¿Cuáles son tus planes para mañana?

02 내일 뭐해요?
nae-il mwŏ-hae-yo?

¿Qué vas a hacer mañana?

03 주말 계획 있어요?
ju-mal gye-hoek i-ssŏ-yo?

¿Tienes planes para el fin de semana?

04 별거 없어요.
byŏl gŏ ŏp-ssŏ-yo.

No hay nada especial.

05 그러면 우리 데이트 할까요?
gŭ-rŏ-myŏn u-ri   de-i-tŭ hal-gga-yo?

¿Entonces vamos a una cita?

06 저녁 같이 먹을까요?
jŏ-nyŏk ga-chi mŏg-ŭl-gga-yo?

¿Cenaremos juntos?

07 제가 맛있는 곳을 알고 있어요.
je ga ma-shit-nŭn go sŭl al-go-i-ssŏ-yo.

Conozco un lugar delicioso.

08 맛집을 알아요.
mat-jib ŭl al-a-yo.

Conozco este famoso lugar.

09 정말 마음에 드실거예요.
jŏng-mal ma-ŭm e dŭ-shil-gŏ-ye-yo.

Realmente te encantará.

10 남자친구/여자친구 있어요?
nam-ja-chin-gu / yŏ-ja-chin-gu i-ssŏ-yo?

¿Tienes novio / novia?

11 만나는 사람 있어요?
man-na-nŭn sa-ram i-ssŏ-yo?

¿Estás saliendo con alguien?

12 아니요, 싱글이에요.
a-ni-yo, sing-gŭl i-e-yo.

No, estoy soltero.

13 네, 남자친구/여자친구 있어요.
ne, nam-ja-chin-gu / yŏ-ja-chin-gu i-ssŏ-yo.

Sí, tengo novio / novia.

14 저는 이미 결혼했어요.
jŏ nŭn i-mi gyŏl-hon-hae-ssŏ-yo.

Ya estoy casado.

15 죄송하지만 제 타입이 아니에요.
joe-song-ha-ji-man je ta-ib i a-ni-e-yo.

Lo siento pero no eres mi tipo.

16 완전히 제 타입이에요.
wan-jŏn-hi je ta-ib i-e-yo.

Eres completamente mi tipo.

17 첫눈에 반했어요.
chŏt-nun e ban-hae-ssŏ-yo.

Me enamoré a primera vista. / Fue amor a primera vista.

18 한번 만나보고 싶어요.
han-bŏn man-na-bo-go ship-ŏ-yo.

Me gustaría saber más sobre ti.

19 우리 사귈까요?
u-ri sa-gwil-gga-yo?

¿Saldrás / saldrás conmigo?

20 제 남자친구/여자친구 할래요?
je nam-ja-chin-gu / yŏ-ja-chin-gu hal-lae-yo?

¿Serías mi novio / novia?

21 연락처 알려주실 수 있어요?
yŏl-lak-chŏ al-lyŏ-ju-shil su i-ssŏ-yo?

¿Me puede dar su número?

22 세상에서 가장 예뻐요.
se-sang e-sŏ ga-jang ye-bbŏ-yo.

Eres la más bonita del mundo.

23 정말 잘생겼어요.
jŏng-mal jal-saeng-gyŏ-ssŏ-yo.

Eres realmente guapo.

24 제 이상형이에요.
je i-sang-hyŏng i-e-yo.

Eres mi tipo ideal.

25 둘이 정말 잘 어울려요.
dul i jŏng-mal jal ŏ-ul-lyŏ-yo.

Ustedes dos realmente se ven bien juntos.

26 이제부터 우리 커플이에요.
i-je bu-tŏ u-ri kŏ-pŭl i-e-yo.

De ahora en adelante, somos una pareja.

27 손 잡아도 될까요?
son jab-a-do doel-gga-yo?

¿Puedo tomar tu mano?

28 더치페이 해요.
dŏ-chi-pe-i hae-yo.

Vamos a holandés.

29 아니에요, 제가 살게요.
a-ni-e-yo, je ga sal-gge-yo.

No, lo compraré.

30 이건 제 마음이에요.
i-gŏn je ma-ŭm i-e-yo.

Esto es de mi corazón.

31 선물이 마음에 들지 모르겠네요.
sŏn-mul i ma-ŭm e dŭl-ji mo-rŭ-get-ne-yo.

No sé si te gustará el regalo.

32 아니 뭘 이런걸 다!
a-ni   mwŏl i-rŏn-gŏl da!

¡Oh, no, qué son todos estos!

33 정말 이러지 않으셔도 괜찮은데.
jŏng-mal i-rŏ-ji an-ŭ-shŏ-do gwen-chan-ŭn-de.

No deberías haber hecho esto.

34 마음이 중요하죠.
ma-ŭm i jung-yo-ha-jyo.

La acción es lo que cuenta.

35 마음만으로 충분해요.
ma-ŭm man-ŭ-ro chung-bun-hae-yo.

Aprecio el pensamiento.

36 감사히 받을게요.
gam-sa-hi bad-ŭl-gge-yo.

Lo aceptaré con gratitud.

37 오늘이 우리 기념일이에요.
o-nŭl i u-ri gi-nyŏm il-i-e-yo.

Hoy es nuestro aniversario.

38 무슨 기념일이요?
mu-sŭn gi-nyŏm-il i-yo?

¿Qué aniversario es?

39 만난지 100일 되었어요.
man-nan-ji baeg il doe-ŏ-ssŏ-yo.

Han pasado 00 días desde que nos conocimos.

40 우리의 만남을 기념하며!
u-ri-ŭi man-nam ŭl gi-nyŏm-ha-myŏ!

¡En celebración / conmemoración de nuestra reunión (relación)!

41 당신은 저의 첫사랑이에요.
dang-shin ŭn jŏ-ŭi chŏt-sa-rang i-e-yo.

Eres mi primer amor.

42 사랑해요.
sa-rang-hae-yo.

Te amo.

43 저도 사랑해요.
jŏ-do sa-rang-hae-yo.

Yo también te amo.

44 제가 훨씬 더 많이 사랑해요.
je ga hwŏl-sshin dŏ man-i sa-rang-hae-yo.

Te quiero mucho más (que tú).

45 집에까지 데려다 줄게요.
jib-e gga-ji de-ryŏ-da jul-gge-yo.

Te llevaré de regreso a tu casa.

46 보고 있어도 보고 싶어요.
bo-go i-ssŏ-do bo-go ship-ŏ-yo.

Cuanto más te veo, más te extraño.

47 같이 있고 싶어요.
ga-chi it-go ship-ŏ-yo.

Quiero estar contigo.

48 함께 있으면 행복해요.
ham-ggae i-ssŭ-myŏn haeng-bok-hae-yo.

Estoy feliz cuando estoy contigo.

49 당신은 저에게 큰 의미입니다.
dang-shin ŭn jŏ-e-ge kŭn ŭi-mi ip-ni-da.

Significas mucho para mí.

50
제 인생에 와주셔서 감사해요.
je in-saeng e wa-ju-shŏ-sŏ gam-sa-hae-yo.
Gracias por venir a mi vida.

51
우리 사랑 영원히!
u-ri sa-rang yŏng-wŏn-hi!
Nuestro amor para siempre!

52
이 순간이 영원했으면 좋겠어요.
i sun-gan i yŏng-wŏn-hae-ssŭ-myŏn jo-ke-ssŏ-yo.
Desearía que este momento pudiera durar para siempre.

53
저희 사진 좀 찍어주시겠어요?
jŏ-hi sa-jin jom jjig-ŏ-ju-shi-get-ssŏ-yo?
¿Podría tomar una foto de nosotros, por favor?

54
우리 셀카찍어요!
u-ri sel-ca jjig-ŏ-yo!
¡Deberíamos tomarnos una selfie!

55
좋은 꿈 꿔요.
jo-ŭn ggum ggwŏ-yo.
Ten un dulce sueño.

56
잘 자요, 내 사랑!
jal ja-yo, nae sa-rang!
Duerme bien, mi amor!

57
우리는 잘 어울리지 않는 것 같아요.
u-ri nŭn jal ŏ-ul-li-ji an-nŭn gŏt gat-a-yo.
No creo que hagamos una buena pareja.

58
우리는 너무 다른 것 같아요.
u-ri nŭn nŏ-mu da-rŭn gŏt gat-a-yo.
Creo que somos muy diferentes.

59
그만 만나는게 좋을 것 같아요.
gŭ-man man-na-nŭn-ge jo-ŭl gŏt gat-a-yo.
Creo que sería mejor si dejáramos de vernos.

60
앞으론 연락하지 말아요.
ap-ŭ-ron yŏl-lak ha-ji mal-a-yo.
Por favor no me llames de ahora en adelante.

61
서로에게 짐이 되는 것 같아요.
sŏ-ro e-ge jim i doe-nŭn gŏt gat-a-yo.
Creo que estamos siendo una carga el uno para el otro.

62
예전 같지 않아요.
ye-jŏn gat-ji a-na-yo.
No es lo mismo que antes.

63
더 좋은 사람 만나길 바래요.
dŏ jo-ŭn sa-ram man-na-gil ba-rae-yo.
Espero que conozcas a alguien mejor.

Capítulo 21. Familia

01 저희 가족을 소개합니다.
jŏ-hi   ga-jog ŭl so-gae-hap-ni-da.

Déjame presentarte a mi familia.

02 저희 부모님이세요.
jŏ-hi   bu-mo-nim i-se-yo.

(Estos) son mis padres.

03 많이 닮았죠?
man-i dal-mat-jyo?

Nos parecemos mucho, ¿verdad?

04 정말 똑같아요.
jŏng-mal ttok-gat-a-yo.

Realmente lo mismo.

05 아빠와/엄마와 판박이네요.
a-bba wa / ŏm-ma wa pan-bag-i ne-yo.

Te ves exactamente igual que tu padre / madre.

06 행복해 보이는 가족이에요.
haeng-bok-hae bo-i-nŭn ga-jog i-e-yo.

Esa es una familia feliz.

07 모두 사이 좋아보여요.
mo-du   sa-i jo-a-bo-yŏ-yo.

Todos parecen llevarse bien unos con otros.

08 저희 형/누나입니다.
jŏ-hi   hyŏng / nu-na ip-ni-da.

Este es mi hermano mayor / hermana mayor.

09 몇살 차이인가요?
myŏt sal cha-i in-ga-yo?

¿Cuál es la diferencia de edad?

10 형이 저보다 세살 많아요.
hyŏng i jŏ bo-da se sal man-a-yo.

Mi hermano es tres años mayor que yo.

11 부모님이 많이 엄하세요.
bu-mo-nim i man-i ŏm-ha-se-yo.

Mis padres son muy estrictos.

12 대가족이죠.
dae-ga-jog i-jyo.

Es una gran familia.

13 저는 외동이에요.
jŏ nŭn oe-dong i-e-yo.

Soy hijo único.

14 사랑을 많이 받고 자랐어요.
sa-rang ŭl man-i bat-go ja-ra-ssŏ-yo.

Recibí mucho amor mientras crecía.

15 별로 안 닮았어요.
byŏl-lo an dal-ma-ssŏ-yo.

No nos parecemos tanto.

16 누가 동생인지 맞춰보세요.
nu-ga dong-saeng in-ji mat-chwŏ-bo-se-yo.

Adivina quién es más joven.

17 얘기 많이 들었어요.
yae-gi man-i dŭl-ŏ-ssŏ-yo.

He escuchado mucho sobre ti.

18 정말 사랑스러운 가족이네요.
jŏng-mal sa-rang-sŭ-rŏ-un ga-jog i-ne-yo.

Es una familia realmente encantadora.

19 화목해 보입니다.
hwa-mok-hae bo-ip-ni-da.

Parece armonioso.

20 형제들 사이 좋아보여요.
hyŏng-je-dŭl sa-i jo-a-bo-yŏ-yo.

Tus hermanos parecen llevarse bien.

21 부모님께서는 이혼하셨어요.
bu-mo-nim gge-sŏ-nŭn i-hon ha-shŏ-ssŏ-yo.

Mis padres se separaron / se divorciaron.

22 아버지는/어머니는 재혼하셨어요.
a-bŏ-ji nŭn / ŏ-mŏ-ni nŭn jae-hon ha-shŏ-ssŏ-yo.

Mi padre / madre se volvió a casar.

23 저는 입양되었어요.
jŏ nŭn ib-yang doe-ŏ-ssŏ-yo.

Fui adoptado.

24 자주 다퉈요.
ja-ju da-twŏ-yo.

Luchamos a menudo.

25 뭐니뭐니해도 집이 최고죠.
mwŏ-ni-mwŏ-ni-hae-do jib i choe-go-jyo.

No hay lugar como el hogar.

26 엄마가/아빠가 보고싶어요.
ŏm-ma ga / a-bba ga bo-go-ship-ŏ-yo.

Extraño a (mi) mamá / papá.

27 부모님께서는 개방적이세요.
bu-mo-nim gge-sŏ-nŭn gae-bang-jŏg i-se-yo.

(Mis) padres son de mente abierta.

28 가족 전통이 있나요?
ga-jok jŏn-tong i it-na-yo?

¿Tienes una tradición familiar?

29 명절동안 제사를 지냅니다.
myŏng-jŏl dong-an je-sa rŭl ji-naep-ni-da.

Servimos a jesa durante las vacaciones.

30 제사가 뭐죠?
je-sa ga mwŏ-jyo?

¿Qué es jesa?

31 돌아가신 조상님들께
인사를 드려요.
dol-a-ga-shin jo-sang-nim-dŭl gge
in-sa rŭl dŭ-ryŏ-yo.

Respetamos a nuestros antepasados que fallecieron.

32 정말 훌륭한 전통이네요.
jŏng-mal hul-lyung-han jŏn-tong i-ne-yo.

Esa es una gran tradición.

33 저도 참여해보고 싶어요.
jŏ do cham-yŏ hae-bo-go ship-ŏ-yo.

Quiero intentar participar también.

HABLEMOS COREANO - CON PISTAS DE AUDIO

Aprenda más de 1,400 expresiones coreanas de 21 temas de manera rápida y fácil

ISBN 979-11-88195-57-2

FANDOM MEDIA

www.newampersand.com
14 13 12 11 10 / 10 9 8 7 6 5 4 3 2 1